DUDEN
Schülerhilfen

Aufsatz/Inhaltsangabe

DUDEN
Schülerhilfen

Aufsatz/Inhaltsangabe

Zum selbstständigen Wiederholen und Üben

von Diethard Lübke
mit Illustrationen
von Detlef Surrey

DUDENVERLAG
Mannheim · Leipzig · Wien · Zürich

Die Deutsche Bibliothek – CIP-Einheitsaufnahme
Duden-Schülerhilfen
Mannheim; Leipzig; Wien; Zürich: Dudenverl.
Früher im Verl. Bibliograph. Inst., Mannheim, Wien, Zürich
Deutsch. Aufsatz/Inhaltsangabe
Zum selbstständigen Wiederholen und Üben /
von Diethard Lübke. – 1997
ISBN 3-411-05801-3

Das Wort DUDEN ist für den Verlag
Bibliographisches Institut & F. A. Brockhaus AG
als Marke geschützt.

Satz: gag – grafische ateliergemeinschaft
Druck: Neue Stalling GmbH, Oldenburg
Gedruckt auf Eural Super Recyclingpapier matt gestrichen
Bindearbeit: Schöneberger Buchbinderei, Berlin
Printed in Germany
ISBN 3-411-05801-3

Liebe Schülerin, lieber Schüler,

Inhaltsangaben werden in der Schule von der Klasse 7 bis zum Abitur verlangt. Wenn dir zu einem Text mehrere Aufgaben gestellt werden, ist die erste Aufgabe meistens eine Inhaltsangabe. Das ist sinnvoll: Bevor du einen Text deutest (interpretierst), bevor du ihn mit einem anderen vergleichst oder zu dem Text Stellung nimmst, ist es notwendig, genau festzustellen, was in dem Text steht. Mit einer Inhaltsangabe sollst du zeigen, dass du den Text – zumindest den äußeren Inhalt – richtig verstanden hast.

In dieser Schülerhilfe findest du klare Aufgaben mit beigefügten Musteraufsätzen, aus denen du leicht erkennen kannst, worauf es bei Inhaltsangaben zu den verschiedensten Texten ankommt. Diese „Musteraufsätze“ sind von Schülerinnen und Schülern geschrieben. Die „Regeln“, die du beim Schreiben von Inhaltsangaben beachten solltest, werden übersichtlich formuliert. Du findest außerdem viele Übungsaufgaben, die du selbstständig lösen solltest. Du hast ja gelernt, worauf es ankommt, und wirst es gut schaffen.

Um dir die Orientierung zu erleichtern sind kleine Hilfen eingebaut worden. Besonders gekennzeichnet sind so

Merksätze, ⟶

Beispiele, ⟶

Aufgaben, ⟶

Hilfen und Lösungshinweise ⟶

sowie die Lösungen. ⟶

Vorwort

In allen Abschnitten wirst du aufgefordert, mitzudenken, Lösungen zu finden, vorgegebene Lösungen anderer Schüler zu verbessern und zu vervollständigen. Du wirst sehen, dass du mit dieser Schülerhilfe viel Spaß hast und – das wichtigste – dass sich deine Leistungen im Aufsatzschreiben deutlich verbessern werden.

Viel Erfolg!

Diethard Lübke
Meppen, im Frühjahr 1997

Inhaltsverzeichnis

Einführung in die Inhaltsangabe

Vielleicht kennst du schon die folgende spannende Geschichte aus deinem Lesebuch:

Johann Peter Hebel
Der Barbierjunge von Segringen

Im vorigen Spätjahr kam in dem Wirtshaus zu Segringen ein Fremder von der Armee an, der einen starken Bart hatte und fast* wunderlich aussah, also daß ihm nicht recht zu trauen war. Der sagt zum Wirt, ehe er etwas zu essen oder zu trinken fordert: „Habt ihr keinen Barbier* im Ort, der mich rasieren kann?" Der Wirt sagt ja und holt den Barbier. Zu dem sagt der Fremde: „Ihr sollt mir den Bart abnehmen, aber ich habe eine kitzliche Haut. Wenn Ihr mich nicht ins Gesicht schneidet, so zahle ich Euch vier Kronentaler. Wenn Ihr mich aber schneidet, so stech ich Euch tot. Ihr wäret nicht der Erste." Wie der erschrockene Mann das hörte (denn der fremde Herr machte ein Gesicht, als wenn es nicht vexiert* wäre, und das spitzige, kalte Eisen lag auf dem Tisch), so springt er fort und schickt den Gesellen. Zu dem sagt der Herr das nämliche*. Wie der Gesell das nämliche hört, springt er ebenfalls fort und schickt den Lehrjungen. Der Lehrjunge läßt sich blenden von dem Geld und denkt: „Ich wag's. Geratet* es und ich schneide ihn nicht, so kann ich mir für vier Kronentaler einen neuen Rock* auf die Kirchweih kaufen und einen Schnepper*. Geratet's nicht, so weiß ich, was ich tue" – und rasiert den Herrn. Der Herr hält ruhig still, weiß nicht, in welcher entsetzlichen Todesgefahr er ist, und der verwegene Lehrjunge spaziert ihm auch ganz kaltblütig mit dem Messer im Gesicht und um die Nase herum, als wenn's nur um einen Sechser* oder im Fall eines Schnittes um ein Stücklein Zundel* oder Fließpapier darauf zu tun wäre und nicht um vier Kronentaler und um

*
fast: *sehr*
Barbier: *Friseur*
vexiert: *vorgetäuscht*
das nämliche: *das gleiche*
geratet es: *gelingt es*
Rock: *Jacke*
Schnepper: *Gerät zum Aderlassen*
Sechser: *kleines Geldstück*
Zundel: *getrockneter Baumschwamm*

ein Leben, und bringt ihm glücklich den Bart aus dem Gesicht ohne Schnitt und ohne Blut und dachte doch, als er fertig war: „Gottlob!“ Als aber der Herr aufgestanden war und sich im Spiegel beschaut und abgetrocknet hatte und gibt dem Jungen die vier Kronentaler, sagt er zu ihm: „Aber junger Mensch, wer hat dir den Mut gegeben, mich zu rasieren, so doch dein Herr und der Gesell sind fortgesprungen? Denn wenn du mich geschnitten hättest, so hätt' ich dich erstochen." Der Lehrling aber bedankte sich lächelnd für das schöne Stück* Geld und sagte: „Gnädiger Herr, Ihr hättet mich nicht verstochen*, sondern wenn Ihr gezuckt hättet, und ich hätt' Euch ins Gesicht geschnitten, so wär' ich Euch zuvorgekommen, hätt' Euch augenblicklich die Gurgel abgehauen* und wäre auf und davon gesprungen." Als aber der fremde Herr das hörte und an die Gefahr dachte, in der er gesessen war, ward* er erst blaß vor Schrecken und Todesangst, schenkte dem Burschen noch einen Kronentaler extra und hat seitdem zu keinem Barbier mehr gesagt: „Ich steche dich tot, wenn du mich schneidest."

*
Stück Geld: *Summe Geld*
verstochen: *erstochen*
Die Gurgel abhauen: *die Kehle durchschneiden*
ward: *wurde*

Was steht in der Geschichte?

1 Dein Lehrer/deine Lehrerin könnte dir ein paar Fragen stellen, um zu überprüfen, ob du die Geschichte richtig verstanden hast:

1. **Wer kommt in das Wirtshaus?**
2. **Was will der fremde Soldat?**
3. **Warum wollen der Friseurmeister und sein Geselle ihn nicht rasieren?**
4. **Warum tut es der Lehrling?**
5. **Welchen Erfolg hat der Lehrling?**
6. **Was möchte der Soldat nach dem Rasieren von dem Lehrling wissen?**
7. **Warum hatte der Lehrling keine Angst den Fremden zu rasieren?**
8. **Was schenkt der Soldat dem Lehrling zum Schluss?**

Beantworte diese 8 Fragen jeweils mit einem Satz in deinem Heft. Wenn du alle Fragen richtig beantwortet hast, hast du damit nachgewiesen, dass du die Geschichte richtig verstanden hast.

1 Einführung in die Inhaltsangabe

1.1 Einfache Inhaltsangabe

Jetzt nehmen wir einmal an, dass dein Lehrer dir nicht viele Fragen stellt, sondern von dir verlangt, dass du in einem Aufsatz nachweist, dass du den Inhalt richtig verstanden hast. Solch einen Aufsatz nennt man eine **Inhaltsangabe.**

Daniel Sch. hat zu der Geschichte „Der Barbierjunge von Segringen" eine Inhaltsangabe geschrieben:

Ein fremder Soldat kommt zu einem Wirt und fragt ihn nach einem Friseur, weil er sich den Bart abrasieren lassen will. Als der Friseur kommt, sagt ihm der Soldat, dass er ihm vier Kronentaler für die Rasur zahlen will. Wenn der Friseur ihn aber schneidet, würde er ihn erstechen. Der Friseur hat Angst und schickt den Gesellen. Der hat auch Angst und schickt den Lehrling. Der möchte das Geld gern verdienen und wagt es, den Soldaten zu rasieren.
Als er fertig ist, fragt ihn der Soldat, woher er den Mut genommen habe ihn zu rasieren. Der Soldat hätte den Lehrling beim kleinsten Schnitt wirklich getötet. Darauf antwortet der Lehrling, dass er dem Soldaten bei Gefahr sofort die Kehle durchgeschnitten hätte. Da wird der Soldat blass und schenkt dem Lehrling einen Kronentaler extra.

Aus diesem Aufsatz kannst du wesentliche Merkmale einer Inhaltsangabe ableiten:

1. Die **wichtigsten** Einzelheiten der Textvorlage werden in der **richtigen Reihenfolge** wiedergegeben.

2. Die Inhaltsangabe steht im **Präsens.**
kommt, fragt, will, kommt, sagt, will, schneidet ...

2 Ergänze die übrigen Präsensformen:

3. Die direkte Rede wird **indirekt** (ohne Anführungszeichen) ausgedrückt. „Habt ihr keinen Barbier im Ort, der mich rasieren kann?"

3 ... und fragt nach einem Friseur, weil er sich den Bart abrasieren lassen will.

„Ihr sollt mir den Bart abnehmen, aber ich habe eine kitzliche Haut. Wenn Ihr mich nicht ins Gesicht schneidet, so zahle ich Euch vier Kronentaler. Wenn Ihr mich aber schneidet, so stech ich Euch tot."

„Aber junger Mensch, wer hat dir den Mut gegeben, mich zu rasieren? Denn wenn du mich geschnitten hättest, so hätt' ich dich erstochen."

„Gnädiger Herr, Ihr hättet mich nicht verstochen, sondern wenn Ihr gezuckt hättet, und ich hätt' Euch ins Gesicht geschnitten, so wär ich Euch zuvorgekommen, hätt' Euch augenblicklich die Gurgel abgehauen und wäre auf und davon gesprungen."

4. Die Inhaltsangabe wird in einem **sachlichen, nüchternen Stil** geschrieben (im Gegensatz zu einer Nacherzählung, die anschaulich und spannend sein soll).

5. Der Inhalt der Textvorlage wird mit **eigenen Worten** wiedergegeben. Für die Inhaltsangabe verwendet man die **moderne, hochdeutsche Sprache.**

4

ein Fremder von der Armee	*ein fremder Soldat*
Barbier	*Friseur*
Lehrjunge	*Lehrling*
Der Lehrjunge lässt sich blenden von dem Geld ...	
die Gurgel abhauen	

1.2 Strukturierte Inhaltsangabe

Als Daniels ältere Schwester die Inhaltsangabe gelesen hat, zeigt sie ihm, wie man den Aufsatz noch verbessern kann.

Im ersten Teil dieser Geschichte (Zeile 1 - 24) kommt ein fremder Soldat zu einem Wirt und fragt ihn nach einem Friseur ...

... Im zweiten Teil der Geschichte (Zeile 25 - Schluss) kommt es zu einem kurzen Gespräch zwischen dem Soldat und dem Lehrling. -
Als er fertig ist, fragt ihn der Soldat, woher er den Mut genommen habe ...

Worin unterscheidet sich diese verbesserte Fassung von der ersten Inhaltsangabe auf Seite 12? (Unterstreiche die neu eingefügten Sätze!) – Die verbesserte Fassung der Kurzgeschichte nennt die beiden Sinnabschnitte der Geschichte.

5 Der 1. Sinnabschnitt geht von Zeile *1* bis Zeile … .
Der 2. Sinnabschnitt geht von Zeile … bis Zeile … .

Eine Inhaltsangabe, die auch die Gliederung der Textvorlage angibt, nennt man eine ***gegliederte*** *(oder:* ***strukturierte) Inhaltsangabe.***

Hinweis:
Bei kurzen Texten, die für Klassenarbeiten oder Klausuren verwendet werden, solltest du **zwei oder drei Sinnabschnitte** unterscheiden, nur ausnahmsweise mehr.

1.3 Erweiterte Inhaltsangabe

Die strukturierte Inhaltsangabe lässt sich noch durch eine geschickte Einleitung erweitern:

In seiner kurzen Geschichte „Der Barbierjunge von Segringen" erzählt Johann Peter Hebel, wie ein Soldat einen Friseur bedroht, dann aber selbst in höchster Lebensgefahr schwebt.
Im ersten Teil dieser Geschichte (Zeile 1 – 24) kommt ein fremder Soldat zu einem Wirt und fragt nach einem Friseur ...

6 Was steht in der Einleitung?

a) Die Textsorte/Textgattung: *kurze Geschichte* ....
b) Der Titel der Geschichte: ....
c) Der Verfasser der Geschichte: ....
d) Das Thema der Geschichte: ....
(Worum geht es in der Geschichte?) ....

....
....
....
....

Eine Inhaltsangabe mit solch einer Einleitung nennt man eine ***erweiterte Inhaltsangabe.***

7 Schreib die Inhaltsangabe zu „Der Barbierjunge von Segringen" mit Angabe der Sinnabschnitte und der Einleitung in dein Heft.

1.4 Aufgabenbeispiele

Erstes Aufgabenbeispiel

Sicherlich wirst du es begrüßen, wenn im Folgenden noch zwei Inhaltsangaben vorgestellt werden. Dann hast du an drei Beispielen gesehen, wie man Inhaltsangaben schreibt, und wirst selbst solche Aufsätze schreiben können.
Sieh dir die Zeichnung unten auf der Seite genau an und beantworte die folgenden Fragen:

1. Wo sitzt der Hahn?
2. Wo befindet sich der Fuchs?
3. Was will wohl der Fuchs erreichen?
4. Im Hintergrund sieht man zwei Polizisten oder Jäger. (Wenn du genau hinsiehst, erkennst du Hunde.) Was tut der Fuchs, als er die beiden bemerkt?

Jean de La Fontaine

Der Hahn und der Fuchs

Auf einem Baume saß ein alter Hahn,
Ein schlauer Kopf in allen Lebenslagen.
„Freund", sprach ein Fuchs und dämpfte sein Organ*,
„Wir wollen uns von heute an vertragen,
Ein allgemeiner Friede ist befohlen.
Ich komme, dir's zu künden; steige nieder,
Und küsse mich, von nun an sind wir Brüder.
Gleich muß ich weiter auf beschwingten Sohlen,
Noch zwanzig andre Leute aufzusuchen.
Komm nur herab, dort unter jenen Buchen
Kannst du mit deinen Kindern Käfer picken.
Komm schnell, daß wir uns in die Augen blicken
Und herzlich küssen, weil nun Friede ist."

1. Sinnabschnitt

„Freund", sprach der Hahn, „es hätte nie
Mir süß're Botschaft werden können
Als diese Friedensmelodie.
Wie schön, daß du ihr Überbringer bist!
Dort seh ich noch zwei Hunde rennen,
Vermutlich wählte man die schnellen Tiere
Zur Friedensbotschaft als Kuriere*.
Sie fliegen fast, gleich sind sie hier;
Dann küssen wir uns alle vier!"
„Lebwohl", rief da der Fuchs, „mein Weg ist weit;
Wir wollen zu gelegenerer* Zeit
Die Freude feiern." Und der Bursche nahm
Die Beine untern Arm* und und jagte fort,
Betrübt, daß er um seine Beute kam.
Der alte Hahn doch saß noch lange dort
Und wollte sich vor Lachen biegen.
Welch doppelter Genuß, Betrüger zu betrügen!

2. Sinnabschnitt

*
Organ: *Stimme*
Kurier: *Bote*
zu gelegenerer Zeit: *Bei besserer Gelegenheit*
Die Beine untern Arm nehmen: *wegrennen*

8 Schreib eine (erweiterte) Inhaltsangabe zu dieser Fabel*.

Inhaltsangabe von Martina O.:

In seiner Fabel „Der Hahn und der Fuchs“ erzählt uns La Fontaine, wie der Fuchs den Hahn täuschen will, aber keinen Erfolg hat.

Im ersten Teil der Fabel (Vers 1–13) spricht der Fuchs einen Hahn an, der auf einem Baum sitzt. Er berichtet, dass ein „allgemeiner Friede“ herrscht, sodass der Hahn ruhig vom Baum herun-

*
Eine Fabel ist eine kurze, lehrhafte Erzählung, oft in Versen. Die handelnden Personen sind meist Tiere oder Pflanzen (zum Beispiel: der listige Fuchs, der Löwe als König der Tiere).
Zweck der Fabel: Eine Lebensweisheit, eine Moral wird veranschaulicht.

terkommen kann, um dem Fuchs einen Bruderkuss zu geben.
Im zweiten Teil der Fabel erfahren wir die geschickte Antwort des Hahns. Er tut so, als ob er dem Fuchs glaubt. Dann sagt er, dass er in der Ferne zwei Hunde sieht, die herbeigelaufen kommen. Er schlägt vor, dass sie sich dann alle vier den Bruderkuss geben können. Doch weil der Fuchs Angst vor den Hunden hat, läuft er schnell weg und der Hahn freut sich, dass er den listigen Betrüger betrogen hat.

9 Gliederung dieser Inhaltsangabe

Schreib die Hinweise neben die Inhaltsangabe, an die richtigen Stellen:

Textsorte

Thema der Fabel

Titel der Fabel

1. Sinnabschnitt der Fabel

Verfasser der Fabel

2. Sinnabschnitt

10 Art der Inhaltsangabe auf Seite 19/20

Die Inhaltsangabe von Martina ist eine

einfache Inhaltsangabe
strukturierte Inhaltsangabe
erweiterte Inhaltsangabe

(Streich weg, was falsch ist.)

Martina hat mit einem waagerechten Strich die beiden Sinnabschnitte der Fabel veranschaulicht. Das ist sehr geschickt.

11 Gebrauch des Präsens

Inhaltsangaben stehen im Präsens. Schreib die Präsensformen heraus.

erzählt, will, hat

12 Indirekte Rede

Die direkte Rede wird in die indirekte Rede umgewandelt.
„ ... Ein allgemeiner Friede ist befohlen.
Ich komme, dir's zu künden; steige nieder,
Und küsse mich, von nun an sind wir Brüder ... "

„ ... Dort seh ich noch zwei Hunde rennen,
Vermutlich wählte man die schnellen Tiere
Zur Friedensbotschaft als Kuriere.
Sie fliegen fast, gleich sind sie hier;
Dann küssen wir uns alle vier!"

13 Sachlicher Stil

Inhaltsangaben werden in einem sachlichen, nüchternen Stil geschrieben. Vergleiche die Fabel mit der Inhaltsangabe:

... Und der Bursche nahm
Die Beine untern Arm und jagte fort,
Betrübt, daß er um seine Beute kam.

Der alte Hahn doch saß noch lange dort
Und wollte sich vor Lachen biegen.

14 Gebrauch der Anführungszeichen

Martina gebraucht an zwei Stellen Anführungszeichen.
Sie zitiert die Überschrift der Fabel:

Sie zitiert ein **Schlüsselwort** der Fabel:

Zweites Aufgabenbeispiel

Brüder Grimm

Die Sachsenhäuser Brücke zu Frankfurt

In der Mitte der Sachsenhäuser Brücke sind zwei Bogen oben zum Teil nur mit Holz zugelegt, damit dies in Kriegszeiten weggenommen und die Verbindung leicht, ohne etwas zu sprengen, gehemmt werden kann. Davon gibt es folgende Sage:

Der Baumeister hatte sich verbindlich* gemacht, die Brücke bis zu einer bestimmten Zeit zu vollenden. Als diese herannahte, sah er, daß es unmöglich war, und wie nur noch zwei Tage übrig waren, rief er in der Angst den Teufel an und bat um seinen Beistand*. Der Teufel erschien und erbot* sich, die Brücke in der letzten Nacht fertig zu bauen, wenn ihm der Baumeister dafür das erste lebendige Wesen, das darüber ging, überliefern* wollte. Der Vertrag wurde geschlossen, und der Teufel baute in der letzten Nacht, ohne daß ein Menschenauge in der Finsternis sehen konnte, wie es zuging, die Brücke ganz richtig fertig. Als nun der erste Morgen anbrach, kam der Baumeister und trieb einen Hahn über die Brücke vor sich her und überlieferte* ihn dem Teufel. Dieser aber hatte eine menschliche Seele gewollt, und wie er sich also betrogen sah, packte er zornig den Hahn, zerriß ihn und warf ihn durch die Brücke, wovon die zwei Löcher entstanden sind, die bis auf den heutigen Tag nicht können zugemauert werden, weil alles in der Nacht wieder zusammenfällt, was tags daran gearbeitet ist. Ein goldner Hahn auf einer Eisenstange steht aber noch jetzt zum Wahrzeichen auf der Brücke.

*
sich verbindlich machen: *versprechen*
Beistand: *Hilfe*
sich erbieten: *anbieten*
überliefern: *ausliefern*

Inhaltsangabe von Kathrin B.:

Die Brüder Grimm erzählen eine Sage über die „Sachsenhäuser Brücke in Frankfurt“. Sie wollen erklären, warum das Mittelstück der Brücke nur aus Holz ist.
Der Text besteht aus zwei Teilen. Im ersten Abschnitt nennen die Brüder Grimm den wirklichen Grund. In Kriegszeiten kann man die Holzplanken wegnehmen, sodass der Feind nicht über die Brücke kommt.
Eine andere Erklärung findet man in einer Sage, die im Folgenden nacherzählt wird. Der Baumeister der Brücke hat Schwierigkeiten das Bauwerk termingerecht fertig zu stellen. Deshalb bittet er den Teufel um Hilfe und verspricht ihm das „erste lebendige Wesen“, das über die Brücke geht. Nachdem der Teufel die Brücke in einer Nacht vollendet hat, treibt der Baumeister einen Hahn über die Brücke. Der Teufel hat aber einen Menschen erwartet. Zornig wirft der Teufel den Hahn gegen die Brücke, sodass Öffnungen entstehen. Den goldenen Hahn kann man heute noch auf der Brücke sehen.

15 Schreib eine (erweiterte) Inhaltsangabe zu dieser Sage*.

*
Eine Sage ist eine volkstümliche kurze Erzählung, die auf ein konkretes Ereignis oder einen bekannten Ort zurückgeht. Der Vorfall wird phantastisch ausgestaltet. Handelnde Personen sind oft: Elfen, Zwerge, Riesen, Hexen, Gespenster, Teufel …
Sagen werden mündlich überliefert. Es gibt Ortssagen, Natursagen, Heldensagen.

16 Gliederung der Inhaltsangabe auf Seite 24.

Schreib diese Hinweise neben die Inhaltsangabe von Kathrin B.

Die Verfasser des Textes

Textsorte

Titel des Textes

Thema des Textes

Angabe der Gliederung

1. Sinnabschnitt

2. Sinnabschnitt

17 Waagerechter Strich

Verdeutliche die Gliederung des Textes der Brüder Grimm durch einen waagerechten Strich.

Er muss nach Zeile .... eingefügt werden.

18 Präsens – Perfekt

Auch Kathrin schreibt ihre Inhaltsangabe überwiegend im Präsens.
Unterstreiche alle Präsensformen in ihrem Aufsatz.
An zwei Stellen verwendet sie jedoch das Perfekt:

Nachdem der Teufel die Brücke in einer Nacht vollendet hat ...
Der Teufel hat aber einen Menschen erwartet.

Damit wird ausgedrückt, dass eine Handlung schon **vor** einer anderen stattgefunden hat.

19 Wichtige/unwichtige Einzelheiten

Vergleiche die Textvorlage mit Kathrins Inhaltsangabe. Welche Einzelheiten des Textes empfand sie als unwichtig und hat sie deshalb nicht in ihrer Inhaltsangabe erwähnt?
Streich alle Einzelheiten aus, die Kathrin in ihrer Inhaltsangabe nicht erwähnt.

Der Baumeister hatte sich verbindlich gemacht, die Brücke bis zu einer bestimmten Zeit zu vollenden. Als diese herannahte, sah er, daß es unmöglich war, und wie ~~nur noch zwei Tage übrig waren~~, rief er ~~in der Angst~~ den Teufel an und bat um seinen Beistand. ~~Der Teufel erschien~~ und erbot sich, die Brücke ~~in der letzten Nacht~~ fertig zu bauen, wenn ihm der Baumeister dafür das erste lebendige Wesen, das darüber ging, überliefern wollte. Der Vertrag wurde geschlossen, und der Teufel baute in der letzten Nacht, ohne daß ein Menschenauge in der Finsternis sehen konnte, wie es zuging, die Brücke ganz richtig fertig. Als nun der erste Morgen anbrach, kam der Baumeister und trieb einen Hahn über die Brücke vor sich her und überlieferte ihn dem Teufel. Dieser aber hatte eine menschliche Seele gewollt, und wie er sich also betrogen sah, packte er zornig den Hahn, zerriß ihn und warf ihn durch die Brücke, wovon die zwei Löcher entstanden sind, die bis auf den heutigen Tag nicht können zugemauert werden, weil alles in der Nacht wieder zusammenfällt, was tags daran gearbeitet ist. Ein goldner Hahn auf einer Eisenstange steht aber noch jetzt zum Wahrzeichen auf der Brücke.

Der Aufsatz von Kathrin lautet so:

Der Baumeister der Brücke hat Schwierigkeiten, das Bauwerk termingerecht fertig zu stellen. Deshalb bittet er den Teufel um Hilfe und verspricht ihm das „erste lebendige Wesen", das über die Brücke geht. Nachdem der Teufel die Brücke in einer Nacht vollendet hat, treibt der Baumeister einen Hahn über die Brücke. Der Teufel hat aber einen Menschen erwartet. Zornig wirft der Teufel den Hahn gegen die Brücke, sodass Öffnungen entstehen. Den goldenen Hahn kann man heute noch auf der Brücke sehen.

20 Gebrauch der Anführungszeichen

Auch Kathrin gebraucht an zwei Stellen Anführungszeichen.
Sie zitiert die Überschrift:

Sie zitiert ein **Schlüsselwort** der Textvorlage:

Das hast du im 1. Kapitel gelernt:

(Ergänze selbstständig die Lücken.)

1. Wichtige/unwichtige Einzelheiten

Eine Inhaltsangabe enthält nur die wichtigsten *Einzelheiten der Textvorlage.*
Sie werden in der zeitlich richtigen Reihenfolge wiedergegeben.

2. Zeiten

Für die Inhaltsangabe gebrauchst du immer das ....
Handlungen, die weiter in der Vergangenheit zurückliegen, stehen im ....

3. Direkte/indirekte Rede

In der Inhaltsangabe gebrauchst du nur die .... *Rede.*
(Statt „direkte Rede" sagt man auch „wörtliche Rede".)

4. Stil

Inhaltsangaben werden in einem .... *Stil geschrieben.*

5. Sprache

Bei einer Inhaltsangabe darfst du die Textvorlage nicht einfach abschreiben, sondern du sollst den Inhalt mit .... *Worten wiedergeben.*

Du verwendest dabei die .... *Schriftsprache.*

6. Strukturierte Inhaltsangabe

Für eine strukturierte Inhaltsangabe überlegst du dir zunächst, aus wie vielen .... die Textvorlage besteht.
Es sollten im Allgemeinen nicht mehr als .... oder .... Sinnabschnitte sein.
Es ist geschickt, die Gliederung durch .... in die Textvorlage einzuzeichnen.

7. Einleitung

Du kannst die Inhaltsangabe noch durch eine Einleitung erweitern.
In der Einleitung nennst du

....,

....,

....,

....

8. Zitate

Im Gegensatz zur Textanalyse werden bei Inhaltsangaben keine Zitate verwendet. Es gibt aber zwei Ausnahmen:

....,

....

Die typische Gliederung einer Inhaltsangabe sieht so aus:
(Nimm dir die Inhaltsangabe von Kathrin als Beispiel.)

1.

2.

3.

4.

1.5 Lösungen

1
1. Ein fremder Soldat
2. Er will sich rasieren lassen.
3. Der Soldat droht den Friseur zu erstechen, wenn er ihn beim Rasieren schneidet.
4. Er will sich das viele Geld verdienen.
5. Er rasiert den Soldaten ohne Schwierigkeiten und schneidet ihn nicht.
6. Der Soldat möchte wissen, warum der Lehrling so mutig war.
7. Der Lehrling hätte die Kehle des Soldaten durchgeschnitten, wenn Gefahr bestanden hätte.
8. Der Soldat schenkt dem Lehrling einen Kronentaler extra.

2
kommt, fragt, will, kommt, sagt, will, schneidet – würde, hat, schickt, hat, schickt, möchte, wagt, ist, fragt, (indirekte Rede: genommen habe, hätte getötet; siehe Seite 12), antwortet, (durchgeschnitten hätte; siehe Seite 12), wird, schenkt.

3
... und fragt ihn nach einem Friseur, weil er sich den Bart abrasieren lassen will.
... sagt ihm der Soldat, dass er ihm vier Kronentaler für die Rasur zahlen will. Wenn der Friseur ihn aber schneidet, würde er ihn erstechen.
... fragt ihn der Soldat, woher er den Mut genommen habe ihn zu rasieren. Der Soldat hätte den Lehrling beim kleinsten Schnitt wirklich getötet.
... Darauf antwortet der Lehrling, dass er dem Soldaten bei Gefahr sofort die Kehle durchgeschnitten hätte.

4

ein Fremder von der Armee – ein fremder Soldat
Barbier – Friseur
Lehrjunge – Lehrling
Der Lehrjunge lässt sich blenden von dem Geld – Der möchte das Geld gern verdienen
die Gurgel abhauen – die Kehle durchschneiden

5

Der 1. Sinnabschnitt geht von Zeile 1 bis Zeile 24.
Der 2. Sinnabschnitt geht von Zeile 25 bis Zeile 38.

6

a)	Textsorte/Textgattung:	Kurze Geschichte
b)	Titel der Geschichte:	„Der Barbierjunge von Segringen“
c)	Der Verfasser der Geschichte:	Johann Peter Hebel
d)	Das Thema der Geschichte:	... wie ein Soldat einen Friseur bedroht, dann aber selbst in höchster Lebensgefahr schwebt.

9

Textsorte:	neben Zeile 1
Titel der Fabel:	neben Zeile 1–2
Verfasser der Fabel:	neben Zeile 2
Thema der Fabel:	neben die Zeilen 2–4
1. Sinnabschnitt:	neben die Zeilen 5–10
2. Sinnabschnitt:	neben die Zeilen 11–21

10 Richtig ist: strukturierte und erweiterte Inhaltsangabe

11 erzählt, will, hat – spricht, sitzt, berichtet, herrscht, kann, erfahren, tut, glaubt, sagt, sieht, kommen, schlägt, können, hat, läuft, freut, (betrogen hat; siehe Seite 26).

12 Er berichtet, dass ein „allgemeiner Frieden" herrscht, sodass der Hahn ruhig vom Baum herunterkommen kann um dem Fuchs einen Bruderkuss zu geben.
Dann sagt er, dass er in der Ferne zwei Hunde sieht, die herbeigelaufen kommen. Er schlägt vor, dass sie sich dann alle vier den Bruderkuss geben können.

13

... Und der Bursche nahm Die Beine untern Arm und jagte fort, Betrübt, daß er um seine Beute kam.	Doch weil der Fuchs Angst vor den Hunden hat, läuft er schnell weg ...
Der alte Hahn doch saß noch lange dort Und wollte sich vor Lachen biegen.	... und der Hahn freut sich ...

14 In seiner Fabel „Der Hahn und der Fuchs" erzählt uns La Fontaine ...
Er berichtet, dass ein „allgemeiner Frieden" herrscht ...

16

Der Verfasser des Textes:	neben Zeile 1
Textsorte:	neben Zeile 1
Titel des Textes:	neben Zeile 2–3
Thema des Textes:	neben die Zeilen 3–5
1. Sinnabschnitt:	neben die Zeilen 6–11
2. Sinnabschnitt:	neben die Zeilen 12–27

17 Der waagerechte Strich muss nach Zeile 5 eingefügt werden.

18 Präsensformen: erzählen, wollen, ist, besteht, nennen, kann, kommt, findet, wird, hat, bittet, verspricht, geht, treibt, wirft, entstehen, kann.

19 Ausgestrichen wird:
Der Vertrag wurde geschlossen – letzte (Nacht) – ohne daß ein Menschenauge in der Finsternis sehen konnte, wie es zuging. – Als nun der erste Morgen anbrach, kam der Baumeister – vor sich her und überlieferte ihn dem Teufel. – und wie er sich also betrogen sah, packte er zornig den Hahn, zerriß ihn – die bis auf den heutigen Tag nicht können zugemauert werden, weil alles in der Nacht wieder zusammenfällt, was tags daran gearbeitet ist. – auf einer Eisenstange – zum Wahrzeichen.

20 ... eine Sage über die „Sachsenhäuser Brücke in Frankfurt".
... und verspricht ihm das „erste lebendige Wesen", das über die Brücke geht.

Das hast du im 1. Kapitel gelernt

1. Eine Inhaltsangabe enthält nur die **wichtigsten** Einzelheiten der Textvorlage.

2. Für die Inhaltsangabe gebrauchst du immer das **Präsens**. Handlungen, die weiter in der Vergangenheit zurückliegen, stehen im **Perfekt.**

3. In der Inhaltsangabe gebrauchst du nur die **indirekte** Rede.

4. Inhaltsangaben werden in einem **sachlichen** Stil geschrieben.

5. … sondern du sollst den Inhalt mit **eigenen** Worten wiedergeben.
   Du verwendest dabei die **hochdeutsche** Schriftsprache.

6. … aus wie vielen **Sinnabschnitten** die Textvorlage besteht. Es sollen im Allgemeinen nicht mehr als **zwei** oder **drei** Sinnabschnitte sein.
   Es ist geschickt, die Gliederung durch **waagerechte Linien** in die Textvorlage einzuzeichnen.

7. Es gibt nur zwei Ausnahmen: Überschrift, Schlüsselwörter.

8. Typische Gliederung:
   1. Einleitung: Verfasser, Textsorte, Titel, Thema des Textes.
   2. Angaben zur Gliederung des Textes.
   3. Inhaltsangabe des 1. Sinnabschnitts
   4. Inhaltsangabe des 2. Sinnabschnitts.

Kapitel 2

Erzählende Texte (Übungen)

2.1 Erste Übungsaufgabe

Johann Peter Hebel

Der kluge Richter

Ein reicher Mann hatte eine beträchtliche* Geldsumme, welche in ein Tuch eingenäht war, aus Unvorsichtigkeit verloren. Er machte daher seinen Verlust bekannt und bot, wie man zu tun pflegt, dem ehrlichen Finder eine Belohnung, und zwar von hundert Talern, an. Da kam ein guter und ehrlicher Mann dahergegangen. „Dein Geld habe ich gefunden. Dies wird's wohl sein. So nimm dein Eigentum zurück!" So sprach er mit dem heitern Blick eines ehrlichen Mannes und eines guten Gewissens, und das war schön.

Der andere machte auch ein fröhliches Gesicht, aber nur, weil er sein verloren geschätztes Geld wieder hatte. Denn wie es um seine Ehrlichkeit aussah, das wird sich bald zeigen. Er zählte das Geld und dachte unterdessen geschwinde nach, wie er den treuen Finder um seine versproche-

* beträchtliche Summe: *ziemlich große Summe*

ne Belohnung bringen könnte. „Guter Freund“, sprach er hierauf, „es waren eigentlich 800 Taler in dem Tuch eingenäht. Ich finde aber nur noch 700 Taler. Ihr werdet also wohl eine Naht aufgetrennt und Eure 100 Taler Belohnung schon herausgenommen haben. Da habt Ihr wohl daran getan. Ich danke Euch!“

Das war nicht schön. Aber wir sind auch noch nicht am Ende. Ehrlich währt am längsten, und Unrecht schlägt seinen eigenen Herrn.

Der ehrliche Finder, dem es weniger um die 100 Taler als um seine unbescholtene* Rechtschaffenheit zu tun war, versicherte, daß er das Päcklein so gefunden habe, wie er es bringe, und es so bringe, wie er's gefunden habe.

Am Ende kamen sie vor den Richter. Beide bestanden auch hier noch auf ihrer Behauptung, der eine, 800 Taler seien eingenäht gewesen, der andere, daß er von dem Gefundenen nichts genommen und das Päcklein nicht versehrt* habe. Da war guter Rat teuer.

Aber der kluge Richter, der die Ehrlichkeit des einen und die schlechte Gesinnung des andern zum voraus zu kennen schien, griff die Sache so an: Er ließ sich von beiden über das, was sie aussagten, eine feste und feierliche Versicherung geben und tat hierauf folgenden Ausspruch: „Demnach, und wenn der eine von euch 800 Taler verloren, der andere aber nur ein Päcklein mit 700 Talern gefunden hat, so kann auch das Geld des letzteren nicht das nämliche* sein, auf welches der erstere ein Recht hat. Du, ehrlicher Freund, nimmst also das Geld, welches du gefunden hast, wieder zurück und behältst es in guter Verwahrung, bis der kommt, welcher nur 700 Taler verloren hat. Und dir da weiß ich keinen andern Rat, als du geduldest dich, bis derjenige sich meldet, der deine 800 Taler findet.“ So sprach der Richter, und dabei blieb es.

*
unbescholten: *ehrenhaft, von gutem Ruf*
versehrt habe: *beschädigt habe*
das nämliche: *dasselbe*

21 Schreib eine (erweiterte) Inhaltsangabe.

22 Eigentlich erwartet man von einem Richter,
dass er eine gerechte Entscheidung trifft. Diese ist jedoch falsch.
Warum freuen wir uns trotzdem darüber?

Tipp

Vorüberlegungen und Hilfen (1. Übungsaufgabe)

1. Textsorte

Dieser Text ist eine **Kalendergeschichte.**

Merkmale: Seit Kalender gedruckt werden, stehen auf der Rückseite der Kalenderblätter Rezepte, Ratschläge, Schwänke, Erzählungen über unterhaltsame, nachdenkliche Begebenheiten. Kalendergeschichten sind kurz und interessant, manchmal lehrhaft, immer einfach zu verstehen.

Die berühmtesten Kalendergeschichten stammen von Grimmelshausen (1670), Hebel (1802) und Brecht (1949).

2. Sinnabschnitte

23 Diese Kalendergeschichte besteht aus zwei Sinnabschnitten. Welcher Vorschlag ist richtig?

1. Zeile 1–23, Zeile 24–39 ○
2. Zeile 1–19, Zeile 20–39 ○

Kreuze an, was du für richtig hältst, und rechtfertige deine Meinung. Zeichne in der Kalendergeschichte auf Seite 35/36 eine waagerechte Linie ein, entweder nach Zeile 19 oder nach Zeile 23.

3. Worum geht es in dieser Kalendergeschichte?

Die Schülerinnen und Schüler einer Klasse haben folgende Formulierungsvorschläge gemacht:

In der Geschichte wird erzählt, dass ein ehrlicher Mann viel Geld findet und es dem Eigentümer zurückgeben will. *(Lisa A.)*

Hebel erzählt uns, wie ein ehrlicher Finder um seinen Finderlohn betrogen werden soll. *(Jens G.)*

In dieser Kalendergeschichte erzählt uns Hebel, wie ein kluger Richter den Eigentümer des Geldes bestraft, als er den ehrlichen Finder um den Finderlohn betrügen will. *(Martin H.)*

In der Kalendergeschichte wird erzählt, wie jemand viel Geld findet und es dem rechtmäßigen Besitzer nicht zurückgeben muss. *(Norbert H.)*

Ein ehrlicher Finder gibt dem Eigentümer sein verlorenes Geld zurück; als der ihn jedoch um den Finderlohn betrügen will, gehen sie vor den Richter, und der entscheidet, dass der Finder das Geld behalten darf. *(Esther St.)*

In seiner Kalendergeschichte will Hebel verdeutlichen, dass „Ehrlich am längsten währt" und dass „Ungerechtigkeit seinen eigenen Herrn schlägt". *(Jana Sch.)*

24 Welche Formulierung trifft das Thema der Kalendergeschichte am besten? Schreib unter die Formulierung ein +.
Welche Formulierungen sind ungeeignet? Schreib unter die Formulierung ein – .
(Rechtfertige deine Meinung. Formuliere selbst das Thema der Kalendergeschichte.)

4. Wichtige und unwichtige Einzelheiten

25	Sind das wichtige Einzelheiten?	JA	NEIN
1.	Ein reicher Mann hat das Geld **in ein Tuch eingenäht.**	○	○
2.	Die Belohnung beträgt **hundert Taler.**	○	○
3.	Als der ehrliche Finder das Geld zurückgibt, tut er das **mit einem heitern Blick.**	○	○
4.	Der Besitzer nennt den Finder **„Guter Freund“.**	○	○
5.	Der Besitzer möchte den Finder **um die versprochene Belohnung bringen.**	○	○
6.	Dem ehrlichen Finder ist es **um seine unbescholtene Rechtschaffenheit zu tun.**	○	○
7.	Der kluge Richter erkennt **die Ehrlichkeit des einen und die schlechte Gesinnung des anderen.**	○	○

Bei Klassenarbeiten folgt auf eine Inhaltsangabe sehr oft eine Zusatzaufgabe, eine Begriffsbestimmung, eine kurze Erörterung, eine Analyseaufgabe.

Zu Aufgabe 22:

Wie hätte eine **gerechte** Entscheidung ausgesehen?

Der Finder hätte nur einen Finderlohn bekommen dürfen.
Der andere hätte sein Geld zurückbekommen müssen und wäre außerdem dafür bestraft worden, dass er den ehrlichen Finder um seinen Finderlohn betrügen wollte.

In der Kalendergeschichte bekommt der reiche Mann nichts zurück. Die Strafe ist eigentlich zu schwer.

Wir freuen uns aber, weil wir wollen, dass gerissene Betrüger schwer bestraft werden.

2.2 Zweite Übungsaufgabe

Der Handschuh
Friedrich von Schiller (1797)

Vor seinem Löwengarten,
Das Kampfspiel zu erwarten,
Saß König Franz*,
Und um ihn die Großen* der Krone,
Und rings auf hohem Balkone
Die Damen in schönem Kranz.

Und wie er winkt mit dem Finger,
Auf tut sich der weite Zwinger,
Und hinein mit bedächtigem Schritt
Ein Löwe tritt,
Und sieht sich stumm
Rings um,
Mit langem Gähnen,
Und schüttelt die Mähnen,
Und streckt die Glieder,
Und legt sich nieder.

Und der König winkt wieder,
Da öffnet sich behend
Ein zweites Tor,
Daraus rennt
Mit wildem Sprunge
Ein Tiger hervor.

Wie der den Löwen erschaut,
Brüllt er laut,
Schlägt mit dem Schweif*
Einen furchtbaren Reif,
Und recket die Zunge,
Und im Kreise scheu
Umgeht er den Leu*
Grimmig schnurrend;
Drauf streckt er sich murrend
Zur Seite nieder.

*
König Franz: *französicher König, 1515–1547*
die Großen der Krone: *die Fürsten*
Schweif: *Schwanz*
Leu: *Löwe*

Und der König winkt wieder,
Da speit* das doppelt geöffnete Haus
Zwei Leoparden auf einmal aus,
Die stürzen mit mutiger Kampfbegier
Auf das Tigertier,
Das packt sie mit seinen grimmigen Tatzen,
Und der Leu mit Gebrüll
Richtet sich auf, da wirds still,
Und herum im Kreis,
Von Mordsucht heiß,
Lagern die greulichen Katzen.

Da fällt von des Altans* Rand
Ein Handschuh von schöner Hand
Zwischen den Tiger und den Leun
Mitten hinein.

Und zu Ritter Delorges spottenderweis
Wendet sich Fräulein Kunigund:
„Herr Ritter, ist Eure Liebe so heiß,
Wie Ihr mirs schwört zu jeder Stund,
Ei, so hebt mir den Handschuh auf."

Und der Ritter in schnellem Lauf
Steigt hinab in den furchtbarn Zwinger
Mit festem Schritte,
Und aus der Ungeheuer Mitte
Nimmt er den Handschuh mit keckem Finger.

Und mit Erstaunen und mit Grauen
Sehens* die Ritter und Edelfrauen,
Und gelassen bringt er den Handschuh zurück.
Da schallt ihm sein Lob aus jedem Munde,
Aber mit zärtlichem Liebesblick –
Er verheißt ihm sein nahes Glück –
Empfängt ihn Fräulein Kunigunde.

Und er wirft ihr den Handschuh ins Gesicht:
„Den Dank, Dame, begehr* ich nicht",
Und verläßt sie zur selben Stunde.

*
speien: *spucken*
Altan: *balkonartiger Anbau*
Sehens: *sehen es*
begehren: *haben wollen*

26

a) Schreib eine (erweiterte) Inhaltsangabe.

b) Hältst du die Reaktion des Ritter Delorges für angemessen?

Tipp

Vorüberlegungen und Hilfen (2. Übungsaufgabe)

1. Textsorte

Die Textsorte kennst du bereits aus deinem Lesebuch. – Erinnere dich an den „Erlkönig" von Goethe, „Die Bürgschaft" von Schiller, „Des Sängers Fluch" von Uhland, „Belsatzar" von Heine, „John Maynard" von Fontane ...

„Der Handschuh" ist eine

- Anekdote ○
- Sage ○
- Ballade ○
- Fabel ○

(Kreuze das Richtige an!)

Merkmale: Man nennt solche Texte auch **Erzählgedichte,** weil sie ein spannendes, schicksalhaftes Ereignis erzählen. Sie enthalten direkte Rede und Gegenrede.

2. Worum geht es?

Folgende Wörter sollten bei der Nennung des Themas vorkommen: Raubtiere, adliges Fräulein, Handschuh, einen Ritter auf die Probe stellen ...

3. Mögliche Gliederung

Denke daran, dass du nur zwei bis drei Sinnabschnitte in den kurzen Texten unterscheiden solltest, die für Klassenarbeiten ausgewählt werden. Hier könnten drei Abschnitte unterschieden werden:

(Ergänze die Lücken.)

A Einleitung: Vers 1 bis ..... .

Wichtige Einzelheiten in Stichwörtern:

Der Handlungsort, die auftretenden Personen ....

B Das Hereinlassen der Raubtiere: Vers ..... bis ..... .

Wichtige Einzelheiten in Stichwörtern:

....

....

....

C Die Probe, auf die Fräulein Kunigunde den Ritter Delorges stellt: Vers ..... bis ..... .

Wichtige Einzelheiten in Stichwörtern:

....

....

....

4. Zusatzaufgabe

Die Zusatzaufgabe (2.) verlangt von dir eine Erörterung.

- Klärung des Sachverhalts:
  Wie verhält sich der Ritter? –
  Er beleidigt das Fräulein vor allen Leuten und verlässt sie.

- Entscheidungsmöglichkeiten:

a) Das ist eine angemessene Reaktion. ○
Das Fräulein Kunigunde hat den Ritter in unverantwortlicher Weise in Lebensgefahr gebracht. Dafür muss sie bestraft werden.

b) Der Ritter hätte sich nicht provozieren lassen dürfen. ○

Niemand hätte ihn ausgelacht, wenn er nicht in den Zwinger gestiegen wäre um den Handschuh zu holen.

c) Der Ritter hat eine Heldentat vollbracht und sollte sich nun seinen Lohn nicht entgehen lassen. ○

Welche Entscheidung findest du richtig? (Kreuze sie an.)

Suche überzeugende Gründe für deine Entscheidung.

....

....

....

....

....

....

....

.... *

*
Wenn du mit dem Platz nicht auskommst oder nicht in dieses Übungsbuch schreiben darfst, schreib auf einen Zettel und lege ihn in das Buch.

2.3 Dritte Übungsaufgabe

Theodor Fontane (1819 – 1898)
Spielplätze

Wir hatten verschiedene Spielplätze. Der uns liebste war aber wohl der am Bollwerk.*

Die ganze Stelle war sehr malerisch, besonders auch im Winter, wo hier die festgelegten und ihrer Obermasten entkleideten Schiffe lagen, oft drei hintereinander, also bis ziemlich weit in den Strom hinein. Uns hier am Bollwerk herumzutummeln und auf den ausgespannten Tauen, so weit sie dicht über dem Erdboden hinliefen, unsere Seiltänzerkünste zu üben, war uns gestattet und nur eines stand unter Verbot: wir durften nicht auf die Schiffe gehn und am wenigsten die Strickleiter hinauf bis in den Mastkorb klettern. Ein sehr vernünftiges Verbot. Aber je vernünftiger es war, desto größer war unser Verlangen, es zu übertreten und bei „Räuber und Wandersmann", das wir alle sehr liebten, verstand sich diese Übertretung beinahe von selbst. Entdeckung lag überdies außerhalb der Wahrscheinlichkeit; die Eltern waren entweder bei ihrer „Partie"* oder zu Tisch geladen. „Also nur vorwärts. Und petzt einer, so kommt er noch schlimmer weg als wir." So dachten wir auch eines Sonntags im April 31.* Ich, als der älteste und stärkste, war natürlich Räuber, und acht oder zehn kleinere Jungens – unter denen nur ein einziger, Fritz Ehrlich, es einigermaßen mit mir aufnehmen konnte – waren schon vom Kirchplatz her, wo wie gewöhnlich die Jagd begonnen hatte, dicht hinter mir her. Ziemlich abgejagt kam ich am Bollwerk an, und weil es hier keinen anderen Ausweg für mich gab, lief ich, über eine breite und feste Bohlenlage* fort, auf das zunächst liegende Schiff hinauf. Die ganze Meute* mir nach, was natürlich zur Folge hatte, daß ich vom ersten Schiff alsbald aufs zweite und vom zweiten aufs dritte mußte. Da ging es nun nicht weiter, so blieb mir nichts anderes übrig, als auf dem Schiffe selbst nach einem Versteck oder wenigstens nach einer schwer zugänglichen Stelle zu suchen. Und ich fand auch so was und kletterte auf den etwa mannshohen, neben der Kajüte befindlichen Oberbau hinauf, darin sich, neben anderen Räumlich-

*
Bollwerk: *steile Uferbefestigung, die den Schiffen das Anlegen an Land ermöglicht: Kaimauer*
Partie: *Ausflug*
31: *1831*
Bohle: *starkes Brett*
Meute: *(hier) die vielen Jungens, die den Räuber verfolgen*

keiten, gemeinhin* auch die Schiffsküche zu befinden pflegte. Etliche, in die steile Wandung eingelegte Stufen erleichterten es mir. Und da stand ich nun oben, momentan geborgen und sah als Sieger auf meine Verfolger. Aber das Siegesgefühl konnte nicht lange dauern; die Stufen waren wie für mich so auch für andre da und in kürzester Frist stand Fritz Ehrlich ebenfalls oben. Ich war verloren, wenn ich nicht auch jetzt noch einen Ausweg fand, und mit aller Kraft und soweit der schmale Raum es zuließ, einen Anlauf nehmend, sprang ich, von dem Küchenbau her, über

*
gemeinhin: *gewöhnlich; im Allgemeinen*

die zwischenliegende Wasserspalte hinweg auf das zweite Schiff zurück und jagte nun, wie von allen Furien* verfolgt, wieder aufs Ufer zu. Und nun hatte ich's, und den Frei-Platz* vor unserm Hause zu gewinnen, war nur noch ein kleines für mich. Aber ich sollte meiner Freude darüber nicht lange froh werden, denn im selben Augenblicke, fast wo ich wieder festen Boden unter meinen Füßen hatte, hörte ich auch schon von dem dritten und zweiten Schiff her ein jämmerliches Schreien und dazwischen meinen Namen, so daß ich wohl merkte, da müsse was passiert sein. Und so schnell wie ich eben über die polternde Bohlenlage ans Ufer gekommen, eben so schnell ging es auch wieder über dieselbe zurück. Es war höchste Zeit. Fritz Ehrlich hatte mir den Sprung von der Küche her nachmachen wollen und war dabei, weil er zu kurz sprang, in die zwischen dem dritten und zweiten Schiff befindliche Wasserspalte gefallen. Da steckte nun der arme Junge, mit seinen Nägeln* in die Schiffsritzen hineingreifend; denn an schwimmen, wenn er überhaupt schwimmen konnte, war nicht zu denken. Dazu das eiskalte Wasser. Ihn von obenher so ohne weiteres abzureichen*, war unmöglich, und so griff ich denn nach einem von der einen Strickleiter etwas herabhängenden Tau und ließ mich, meinen Körper durch allerlei Künste nach Möglichkeit verlängernd, an der Schiffswand so weit herab, daß Fritz Ehrlich meinen am weitesten nach unten reichenden linken Fuß gerade noch fassen konnte. Er blieb in der Schwebe, bis Leute vom Ufer her herankamen und ihm einen Bootshaken herunterreichten, während andere ein Boot losmachten und in den Zwischenraum hineinfuhren, um ihn da herauszufischen. Ich meinerseits war in dem Augenblick, wo der rettende Bootshaken kam, von einem mir Unbekannten, von oben her, am Kragen gepackt und mit einem strammen Ruck wieder auf Deck gehoben worden. Von Vorwürfen, die sonst bei solchen Gelegenheiten nicht ausbleiben, war diesmal keine Rede. Den triefenden, von Schüttelfrost gepackten Fritz Ehrlich brachten die Leute nach einem ganz in der Nähe gelegenen Hause, während wir andern, in kleinlauter Stimmung, unsren Heimweg antraten.

*
Furien: römische Rachegöttinnen
Frei-Platz: der Platz, wo der Räuber nicht mehr verfolgt werden durfte. Wenn er den Frei-Platz erreicht, hat er gewonnen.
Nägel: Fingernägel
abreichen: von oben erreichen

27

a) Schreib eine (erweiterte) Inhaltsangabe.
b) Muss der junge Theodor Fontane mit einer Bestrafung rechnen, weil er trotz Verbots auf den Schiffen gespielt hatte?

Tipp

Vorüberlegungen und Hilfen (3. Übungsaufgabe)

1. Textsorte

Dieser Text ist ein Auszug aus einer autobiographischen Schrift von Theodor Fontane: „Meine Kinderjahre“ (1892).
In einer **Autobiographie** erzählt der Autor sein eigenes Leben.

2. Gliederung in Sinnabschnitte

Der Text ist fast ohne Absätze geschrieben. Der Autor gibt dem Leser keine Hinweise auf Sinnabschnitte – zumal der Absatz nach Zeile 58 keinen Sinnabschnitt andeutet.

Versuche bei einem solchen Text eine Gliederung zu finden, indem du zunächst die **Themen** auflistest, über die der Autor spricht:

A Er beschreibt einen bevorzugten Spielplatz: Das Bollwerk, die alten Schiffe. Er erwähnt das Verbot auf den Schiffen zu spielen.
B Danach erzählt der Autor das Spiel „Räuber und Wandersmann“. Fontane, der „Räuber“, flüchtet auf die Schiffe. Ein Junge, der ihn verfolgt, stürzt zwischen zwei Schiffe ins eiskalte Wasser.
C Fontane erzählt, wie der Junge gerettet wird. Zunächst, was er selbst tut, dann, was andere Leute tun.

Wenn du diese drei Themen nachvollziehen kannst, wirst du auch die Gliederung mit waagerechten Strichen im Text eintragen können.

3. Ichform

Dir ist sicherlich aufgefallen, dass dieser autobiographische Text in der Ichform geschrieben ist.

> Ziemlich abgejagt kam **ich** am Bollwerk an, und weil es hier keinen anderen Ausweg für **mich** gab, lief **ich** über eine breite und feste Bohlenlage fort, auf das zunächst liegende Schiff hinauf ...

Es würde sehr eigenartig klingen, wenn du die Ichform in deine Inhaltsangabe übernimmst. Man kann nicht gut „ich" sagen, wenn man „Fontane" meint.
Du schreibst also:
Der Verfasser erzählt, wie die anderen Jungen ihn verfolgen ...
Er rettet sich auf die Schiffe ...

4. Zusatzaufgabe

Dass die Jungen auf den Schiffen gespielt haben, ist nach dem Unfall von Fritz Ehrlich nicht mehr zu verheimlichen.

Was spricht **für** eine Bestrafung?
- Im 19. Jahrhundert war die Erziehung der Kinder viel strenger als heute.
- Die Jungen haben gegen ein ausdrückliches Verbot gehandelt.
- Es ist dabei sogar ein Unfall passiert.
- ....

Was spricht **gegen** eine Bestrafung?
- Theodor Fontane hat einen Jungen gerettet.
  Dafür verdient er Anerkennung, nicht Bestrafung.
- Für Fritz Ehrlich sind der Schreck und die Unterkühlung schon Strafe genug.
- ....

Findest du noch weitere Argumente?
Wie würdest du dich entscheiden?

2.4 Kritik von Schüleraufsätzen

Sicher kennst du das auch aus dem Unterricht: Hausaufsätze werden im Unterricht vorgelesen, dann stellen die Mitschüler fest, was an den einzelnen Aufsätzen gelungen ist und was verbesserungswürdig ist. Etwas Ähnliches soll in diesem Kapitel geschehen.

Lies zunächst die Kurzgeschichte von Liam O'Flaherty aufmerksam durch. Merke dir die Einzelheiten. Überlege dir, wie man diese Kurzgeschichte sinnvoll gliedern könnte.

Liam O'Flaherty
Ein Schilling

(aus: Liam O'Flaherty, Der Stromer, 21 Erzählungen aus Irland, © Büchergilde Gutenberg, Frankfurt am Main und Wien 1975)

Drei alte Männer saßen auf dem Wellenbrecher* am Hafendamm von Kilmillick* und kehrten dem Meer den Rücken und dem Dorf und der Sonne ihr Gesicht zu. Eine leichte Brise wehte vom Meer hinter ihnen und trug den süßlichen Salzgeruch von Seegras heran, das die Sonne geküßt hat. Das Dorf vor ihnen lag sehr ruhig da. Keinerlei Bewegung, nur der träge blaue Rauch, der sich schräg aus den Schornsteinen der Hütten emporkräuselte. Es war Sonntag, noch früh am Nachmittag, und alle jungen Männer und Frauen waren in Kilmurrage* beim Fußballmatch. Die drei alten Männer erzählten sich Geschichten von großen Fischen, die sie in ihrer Jugend gefangen hatten.
Plötzlich rauschte Segeltuch, und eine kleine weiße Jacht bog um die Spitze des Hafendamms und kam längsseits. Die drei alten Männer erhoben sich sofort, gingen durch den Torfstaub bis an den Rand des Hafendamms und blickten auf die Jacht hinunter. Patsy Conroy, der munterste der drei alten Herren, ergriff das Haltetau und vertäute* die Jacht. Dann kam er zurück und gesellte sich wieder zu den anderen beiden, die den Bootsinsassen zuschauten, wie sie sich bereit machten, an Land zu gehen.
„Ein schmuckes Ding von einer Jacht", sagte Brian Manion, ein

*
Wellenbrecher: *ins Meer gebauter Damm, der den Hafen vor der vollen Kraft der Wellen schützt*
Kilmillick/Kilmurrage: *zwei irische Städte*
vertäuen: *mit einem Tau festbinden*

alter Knabe mit einem krummen Bein und einer Beule hinter dem rechten Ohr. „Hoi“, sagte er, „Das muß eine Stange Geld kosten, das Boot instand zu halten! Seht euch bloß das blanke Messing an, und durch die Luke kann ich sogar einen Teppich sehen, der auf dem Kajütenboden liegt! Oh, Boys!“

„Die hätt' ich gern mal eine Woche zum Fischen“, sagte Mick Feeney und schnaufte laut durch seine lange rote Nase. Die großen, rotgeränderten blauen Augen schienen ihm fast aus dem Kopf zu fallen. Mit beiden Händen umklammerte er die Krücke seines Stockes, stand breitbeinig da und blickte auf die Jacht hinunter.

Patsy Conroy sagte nichts. Er stand ein bißchen abseits und hatte die Hände in den Gürtel gesteckt. Obwohl er zweiundsiebzig zählte, hielt er sich doch gerade und war behende und munter, aber sein Gesicht war gelb und so zerknittert wie altes Pergament, und sein Greisenlachen entblößte die zahnlosen roten Kiefer. Die kleinen Augen unter den buschigen weißen Brauen schweiften so listig über die Jacht, als ob sie etwas zu stehlen versuchten. Er trug einen gelben Halsschal, den er sich trotz der Hitze des Tages unzählige Male bis zum Kinn hinauf um den Hals geschlungen hatte.

„Wo ist die nächste Kneipe“, näselte ein rotbackiger Mann, der in weißem Leinenhemd und weißer Hose auf dem Deck der Jacht stand.

Die alten Männer sagten es ihm – alle drei gleichzeitig.

„Komm, Totty, woll'n einen Drink nehmen“, sagte der Rotbackige.

„Gut“, sagte der andere Mann.

Als der Rotbackige die eiserne Leiter zum Hafendamm hinaufkletterte, fiel ihm ein Schilling aus der Tasche. Lautlos fiel er auf eine kleine Rolle Tauwerk, die am Fuße der Leiter an Deck lag. Der Rotbackige bemerkte es nicht, sondern schritt mit seinem Freund den Hafendamm entlang. Die drei alten Männer bemerkten es, aber sie sagten es dem Rotbackigen nicht. Auch untereinander sprachen sie nicht darüber. Sobald der Schilling auf der kleinen Taurolle gelandet war und schimmernd dort liegenblieb, war er allen dreien so qualvoll gegenwärtig, daß es ihnen die Sprache verschlug und sie keinen zusammenhängenden Gedanken mehr fassen konnten. Jeder warf einen Blick auf den Schilling, einen hastigen, verstohlenen Blick, und dann sah jeder anderswohin, genau wie ein Hund, der in einem Busch ein Kaninchen sieht, starr mit erhobener Pfote stehenbleibt und das Kaninchen im Auge behält, obwohl er den Blick auf etwas anderes heftet.

Jeder von den drei alten Männern wußte, daß die anderen beiden den Schilling gesehen hatten, und trotzdem schwieg sich jeder in der stillen Hoffnung aus, die Entdeckung als sein eigenes Geheimnis hüten zu können. Jeder wußte, daß er unmöglich über die eiserne Leiter aufs Deck hinuntersteigen, den Schilling aufheben und mit ihm wieder zum Hafendamm hinaufklettern könnte, ohne entdeckt zu werden. Denn es war ein Mann da, der eine runde weiße Kappe trug und in der Kajüte etwas machte. Alle paar Minuten mal erschien seine Kappe in der Luke, und ein Geräusch war zu hören, als würde Geschirr oder etwas Ähnliches abgewaschen. Und der Schilling lag nur zwei Fuß breit von der Luke entfernt. Und die alten Männer – Patsy Conroy vielleicht ausgenommen – waren zu alt, um die Leiter hinab- und wieder hinaufzusteigen. Und ohnehin wußte jeder, daß, wenn auch niemand in der Kajüte gewesen wäre und auch wenn sie die Leiter hinabsteigen könnten, die beiden anderen doch jeden daran gehindert hätten, den Schilling zu holen, da jeder es vorzog, daß keiner den Schilling bekam, wenn er ihn nicht selbst haben konnte. Und doch war die Verlockung des schimmernden Schillings so groß, daß sie alle drei mit klopfendem Herzen und fieberhaft arbeitendem Hirn auf die Sachen starrten, die in unmittelbarer Nähe des Schillings waren. Sie

stierten* in qualvollem Schweigen darauf, einem Schweigen, das ihnen so laut und lärmend wie das hitzigste und erbittertste Gespräch erschien. Der Lärm, den Mick Feeney machte, wenn er durch die Nase schnaufte, verriet den beiden anderen Männern so deutlich, was er im Sinn trug, als hätte er es ihnen langsam und ausführlich auseinandergesetzt. Brian Manion fummelte unaufhörlich mit seinen Händen herum und rieb die Handflächen gegeneinander, und die beiden anderen hörten es und verwünschten seine Habgier. Einzig Patsy Conroy machte keinerlei Geräusch, aber gerade sein Schweigen kam den anderen beiden Männern laut und schmutzig vor, denn es ließ sie darüber im dunkeln, was für Pläne in seinem Kopf spukten.
Und die Sonne schien warm. Und der salzige, gesunde Geruch des Meeres machte durstig. Und bei Kellys gab's ausgezeichneten kühlen, schäumenden Porter.* Und all das war so stark, daß keiner von den alten Männern auf den Gedanken kam, der Schilling gehöre jemand anderem. Ja,

*
stieren: *starr ansehen*
Porter: *dunkles Bier*

so stark war es, daß jeder sich über die schändliche Habgier der anderen beiden entrüstete.* Beinahe herrschte so etwas wie Mordgelüst gegen die anderen im Herzen jedes einzelnen. So verstrichen drei Minuten. Die beiden Eigentümer der Jacht waren nicht mehr zu sehen. Brian Manion und Mick Feeney zitterten, und aus dem Munde rann ihnen ein bißchen Geifer.*
Dann bückte sich Patsy Conroy und hob einen Kiesel vom Hafendamm auf. Er warf ihn aufs Bootsdeck. Die anderen beiden Männer machten eine flüchtige Geste,* als wollten sie den Kieselstein mit ihren Stöcken abwehren – eine törichte, unwillkürliche Bewegung. Dann fuhren sie zusammen, und die Kinnlade fiel ihnen herunter. Patsy Conroy sagte etwas. „Heda!" rief er durch die hohle Hand.
Ein blaßgesichtiger, mürrischer Mann mit einem Handtuch an der Seite stieg auf die zweite Stufe der Luke. „Was soll's?" fragte er.
„Bitte um Verzeihung, Sir", sagte Patsy Conroy, „aber könnten sie mir vielleicht den Schilling geben, der mir gerade aus der Hand gefallen ist?"
Der Mann nickte, hob den Schilling auf, brummte: „Fang ihn!" und warf den Schilling auf den Hafendamm. Patsy griff dankend an die Mütze und bückte sich nach dem Schilling. Die anderen beiden alten Männer waren so verdutzt, daß sie ihn nicht mal zu haschen* versuchten. Sie beobachteten, wie Patsy draufspuckte und ihn in die Tasche steckte. Sie beobachteten, wie er den Hafendamm hinaufging und sich laut schneuzte* und wie seine lange, hagere, graue Gestalt mit dem grauen Rücken und dem gelben Wollschal um den Hals sich so kerzengerade und feierlich wie ein Polizist bewegte.
Dann sahen sie sich an – mit vor Wut verzerrten Gesichtern. Und jeder fauchte* den andern mit erhobenem Stock an: „Warum hast du ihn nicht festgehalten, du Blödian?"

*
sich entrüsten: *sich empören, sehr böse werden*
Geifer: *Spucke, die aus dem Mund fließt*
Geste: *Handbewegung*
haschen: *fangen*
sich schneuzen: *sich die Nase putzen*
anfauchen: *wütend anschreien*

28 Schreib eine (erweiterte) Inhaltsangabe.

Tipp

Textsorte

„Ein Schilling“ ist eine typische **Kurzgeschichte.**

Kurzgeschichte ist die deutsche Übersetzung von **Shortstory.** Das ist meist eine kurze Erzählung mit realistischen, sachlichen Schilderungen aus dem Alltag. Ein wichtiger Moment im Leben der Hauptperson(en) wird beschrieben. Die Handlung einer Kurzgeschichte verläuft zielstrebig auf einen überraschenden Schluss*. Man sagt, Kurzgeschichten werden vom Schluss her geschrieben. Deshalb muss man sie auch in einem Zug, ohne Unterbrechung lesen, damit sie wirken können.

Amerikanische Autoren, die Kurzgeschichten geschrieben haben, sind: Herman Mellville, Mark Twain, Jack London, Ernest Hemingway, William Faulkner …
Deutsche Autoren: Peter Altenberg, Wilhelm Schäfer, Elisabeth Langgässer, Günther Weisenborn, Wolfgang Borchert … (Sicher kennst du einige Autorennamen von Büchern, die du gelesen hast – oder aus dem Lesebuch, das in der Schule benutzt wird.)

Zu dieser Kurzgeschichte haben die Schülerinnen und Schüler einer Klasse Hausaufsätze gelesen. Viele Hausaufsätze waren gut gelungen – einige Stellen jedoch nicht.

Die Mängel betreffen

1. Angaben zur Textsorte, Gliederung und zum Thema der Kurzgeschichte

2. Inhalt

3. Ausdruck/Stil.

*
Man nennt einen überraschenden, geistreichen Schluss: *eine Pointe.*

29 In den folgenden drei Abschnitten aus Schüleraufsätzen wird gegen „Grundregeln" beim Schreiben von Inhaltsangaben verstoßen, wie du sie auf den Seiten zuvor kennengelernt hast.

1

Alle wollen den Schilling haben. Mick machte einen Lärm, wenn er durch die Nase schnaufte, der den anderen sofort verriet, dass er etwas ausheckte. Brian rieb immer wieder seine Hände aneinander, was auch seine Habgier verriet. Nur Patsy war ganz still.

(E. J.)

2

Patsy Conroy bückt sich und hebt einen Kieselstein auf, diesen wirft er auf das Bootsdeck. Die beiden anderen Männer machen eine flüchtige Geste. Patsy Conroy ruft: „Heda!" Ein mürrischer Mann steigt auf die zweite Stufe der Luke und fragt: „Was ist los?" Patsy antwortet: „Entschuldigung, Sir, aber könnten Sie mir meinen Schilling zurückgeben, der mir heruntergefallen ist?" Der Mann nickt und wirft Patsy den Schilling zu.

(Y. Sch.)

3

Auf dem Weg dorthin fällt ihm ein Schilling aus der Jackentasche.
Der Mann bemerkt es nicht, wohl aber Patsy und seine Freunde. Aber keiner erzählte es den andern, untereinander sprachen sie kein einziges Wort. Jeder von ihnen wollte den Schilling haben, jeder wusste ganz genau, dass die andern ihn auch bemerkt hatten.

(M. K.)

Gegen welche „Grundregeln“ wird verstoßen?

1.

2.

Lies vor, wie die Aufsätze richtig lauten müssten.

In den nächsten fünf Abschnitten aus Schüleraufsätzen wird

- die Textsorte nur ungenau bestimmt;
- das Thema der Kurzgeschichte ungenau oder falsch genannt;
- eine unangemessene Gliederung vorgeschlagen.

30

4

Der Text heißt „Ein Schilling“ und stammt von Liam O'Flaherty.
Der Autor erzählt, wie drei alte Männer einen Schilling betrachten.
(T. M.)

5

Der Text kann in sieben Abschnitte unterteilt werden.
Zeile 1–10, 11–28, 29–37, 38–56, 57–86, 87–96, 97–118.
(N. R.)

6

Es handelt sich um einen Text von dem Schriftsteller Liam O'Flaherty.
(N. K.)

7

In dieser Kurzgeschichte von Liam O'Flaherty geht es um einen Schilling, den ein Mann verliert.
(F. St.)

8

Die Geschichte lässt sich in sechs Sinnabschnitte gliedern.
Zeile 1–15, 16–28, 29–37, 38–56, 57–96, 97–118.
(A. H.)

Ungenaue Bestimmung der Textsorte: ....
Ungenaue (oder falsche) Angabe des Themas: ....
Unangemessene Gliederung: ....
(Schreib hier die Nummern hin.)

31 In den folgenden Auszügen aus Schüleraufsätzen findest du inhaltliche Mängel. Manches, was da aufgeschrieben wurde, ist inhaltlich falsch, manchmal fehlen wichtige Einzelheiten, manchmal werden unwichtige Einzelheiten aufgezählt.

9

Patsy fragt den mürrischen Mann, ob er ihm vielleicht den Schilling wiedergeben kann, der ihm gerade aus der Hand gefallen ist.
Der Mann nickt und wirft ihn auf den Hafendamm. Patsy hebt ihn auf und geht davon...

(B. Sch.)

10

Im letzten Teil (Zeile 97 bis Schluss) wird erzählt, wie Patsy Conroy, einer der drei Männer, durch eine kluge List zu dem Schilling kommt und die andern beiden ziemlich sprachlos, erstaunt und wütend sind.

(A. B.)

11

Im dritten Abschnitt (Zeile 29–37) wird der mit zweiundsiebzig Jahren immer noch muntere Patsy Conroy etwas genauer beschrieben. Es ist ein behänder Mann, geht trotz seines Alters noch aufrecht und gerade. Sein Gesicht ist gelb und zerknittert wie altes Pergament, sein Greisenlachen enthüllt seine zahnlosen Kiefer. Seine kleinen Augen schweifen listig über die Jacht, als wollten sie etwas stehlen. Sein Schal ist trotz der Wärme mehrfach um seinen Hals gewickelt.

(E. J.)

12

Im letzten Abschnitt denken zwei der drei alten Männer nach, wie sie den Schilling bekommen könnten. Patsy jedoch wirft eine Hand voll Kiesel auf das Deck. Ein Mann schaut darauf aus der Luke. *(R. L.)*

Inhaltlich falsch: ....
Wichtige Einzelheiten fehlen: ....
Unwichtige Einzelheiten werden genannt: ....
(Schreib hier die Nummern hin.)

32 Die Abschnitte 13–16 enthalten keine schwerwiegenden inhaltlichen Mängel, sondern einen unsachlichen, umgangssprachlichen Stil, unklare Bezüge der Pronomen oder einen schwerfälligen Satzbau.

13 Alle drei zermartern sich das Gehirn, wie sie den Schilling kriegen könnten. Wie die Geier, die auf eine Beute blicken, stieren sie auf den Schilling. *(Ch. P.)*

14 Im letzten Abschnitt wird beschrieben, wie Patsy einen Kiesel auf das Deck wirft. Ein Mann kommt aus der Kajüte und fragt, was los ist. Er sagt zu ihm, er möchte die Münze haben. Er wirft sie hoch, und er fängt sie. *(N. R.)*

15 Jeder von den Männern ist unheimlich wild darauf, den Schilling zu kriegen, doch keiner traut sich, etwas zu unternehmen. *(N. R.)*

16 Jeder der drei alten Männer weiß, dass es unmöglich ist, den Schilling zu holen. Und ohnehin weiß jeder, dass, wenn auch niemand in der Kajüte gewesen wäre und auch wenn sie die Leiter hinabsteigen könnten, die beiden andern jeden daran gehindert hätten, den Schilling zu holen, da jeder es vorzieht, dass keiner den Schilling bekommt, wenn er ihn nicht selbst haben kann. *(B. Sch.)*

Unsachlicher, umgangssprachlicher Stil: ....
Unklare Bezüge der Pronomen: ....
Schwerfälliger Satzbau: ....

(Schreib hier die Nummern hin.)

Formuliere den Abschnitt mit dem schwerfälligen Satzbau um, sodass der Text gut klingt.

2.5 Lösungen

23 Nach Zeile 19.

24 + vor das Zitat aus dem Aufsatz von Martin H.
– vor die Zitate von Lisa A. und Jens G. (unvollständige Themenangabe) und von Norbert H. (falsche Themenangabe).

25 Sind das wichtige Einzelheiten?
Ja: 5, 6, 7.
Nein: 1, 2, 3, 4.

26
1. Ballade
3. **A** Einleitung: Vers 1–6 (Handlungsort, auftretende Personen)
B Das Hereinlassen der Raubtiere: Vers 7 bis 43 (Löwe, Tiger, Leoparden)
C Die Probe, auf die Fräulein Kunigunde den Ritter Delorges stellt: Vers 44 bis 67 (Sie wirft den Handschuh hinunter, er holt ihn und wirft ihn dem Fräulein ins Gesicht.)

27
2. Waagerechte Striche:

Nach Zeile 15:
„Und petzt einer, so kommt er noch schlimmer weg als wir."
So dachten wir auch eines Sonntags im April 31. Ich, als der ...

Zeile 41 (nach: „ein kleines für mich.")
... zu gewinnen, war nur noch ein kleines für mich. Aber ich sollte meiner Freude darüber nicht lange froh werden, denn im selben ...

29
1. Es soll nur das Präsens verwendet werden.
(Bei 1 und 3 wird auch das Präteritum verwendet.)
2. Es soll keine direkte Rede verwendet werden.
(Das geschieht bei 2 sogar zweimal.)

30
Ungenaue Bestimmung der Textsorte: 4, 5, 6, (8).
Ungenaue (oder falsche) Angabe des Themas: 4, 7
Unangemessene Gliederung: 5, 8.

31
Inhaltlich falsch: 9, 12.
Wichtige Einzelheiten fehlen: 10.
Unwichtige Einzelheiten werden genannt: 11.

32
Unsachlicher, umgangssprachlicher Stil: 13, 15.
Unklare Bezüge der Pronomen: 14.
Schwerfälliger Satzbau: 16.

Kapitel 3

Sachtexte

3.1 Erkennen der Textsorten

In dieser Lernhilfe hast du bisher folgende Textsorten kennengelernt:

Kalendergeschichten .... Seite 9 und 35

Fabel .... Seite 18

Sage .... Seite 23

Ballade .... Seite 40/41

Erzählung .... Seite 46–48

Kurzgeschichte .... Seite 51–55

Diese Texte werden mit den Begriffen **erzählende Texte** oder **fiktionale Texte** zusammengefasst. Ihr Inhalt ist immer ein Ereignis, ein Vorgang, eine Beschreibung – irgendetwas, was man sich vorstellen, erleben, nachempfinden kann.

Im Gegensatz zu den **fiktionalen Texten** stehen die **Sachtexte**. Dazu gehören Aufsätze aller Art, Abhandlungen, Berichte, Essays, Zeitungsartikel, Kommentare, Interviews, Reden, Briefe usw. Sachtexte enthalten einen Gedankengang.

Im Folgenden werden Inhaltsangaben von Sachtexten geübt. Du findest ein Beispiel und zwei Übungsaufgaben.

3.2 Inhaltsangabe zu einem Sachtext (Beispiel)

Sind Tiere eine gute Geschenkidee?

Einige Zeit nach Weihnachten steigt in den Tierheimen regelmäßig die Anzahl der abgegebenen Tiere. Tierschützer stimmen deshalb Tieren als Weihnachtsgeschenk nur sehr bedingt zu. Wir sprachen über dieses Thema mit Anneliese zum Kolk, Präsidentin des Bundesverbandes Tierschutz e. V. in Moers

1 Vor allem viele Kinder wünschen sich zu Weihnachten ein Tier. Kann man diesen Wunsch erfüllen, oder sollte man das aus Gründen des Tierschutzes generell* ablehnen?
Eine generelle Antwort auf diese Frage gibt es nicht. Man muss immer die spezielle Situation sehen. Bei Kindern unter 10 Jahren ist es sehr problematisch. Bei älteren Kindern, vor allem wenn sie schon mit Haustieren aufgewachsen sind und ein bisschen Erfahrung haben, kann man eher zustimmen. Eine Möglichkeit ist, dem Kind z.B. erst einmal ein Buch über das gewünschte Tier zu schenken, damit es sich über die Bedürfnisse des Tieres informieren kann. Kinder müssen erst einmal lernen, dass ein Haustier kein Spielzeug ist, sondern ein Lebewesen, das Freude und Schmerz empfinden kann und große Verpflichtungen mit sich bringt.

2 Eines der meistgewünschten Tiere ist ein kleiner Hund oder eine kleine Katze. Kann man bei Kindern ab 10 Jahren, auch wenn sie den Umgang mit Tieren schon gewöhnt sind, davon ausgehen, dass sie die damit verbundenen Verpflichtungen ganz übernehmen können?
Die meiste Belastung bleibt sicherlich bei den Eltern, in der Regel dann bei der Mutter. Von einem Kind kann man noch nicht erwarten, dass es die Verantwortung übernimmt. Speziell Hunde oder Katzen erfordern eine große Regelmäßigkeit und viel Betreuung, die Kinder noch nicht allein leisten können.

3 Wie sieht das mit weniger anspruchsvollen Tieren wie Kaninchen oder Meerschweinchen aus?

* generell: *allgemein, überhaupt*

Kaninchen oder Meerschweinchen sind als „Anfangstiere“ für Kinder besser geeignet. Aber auch da muss man aufpassen, ob das Kind schon gelernt hat, dass es das Tier nicht als Spielsache ansieht. Meerschweinchen sind z. B. sehr aktive Tiere, laufen gerne überall herum, auch auf dem Tisch, von wo sie leicht herunterfallen können und sich dann unter Umständen schwere Verletzungen zuziehen.

4 Sind Hamster für Kinder geeignet?

Hamster sind nachtaktive* Tiere und brauchen tagsüber ihre Ruhe. Kinder sind aber neugierig und wollen sehen, was das Tier so macht. Gerade kleinere Kinder können deshalb selten akzeptieren, dass sich der Hamster am Tag auf seinem Strohbettchen zusammenrollt und schläft.

5 Was sollte man beachten, wenn man ein Tier schenken will?

Grundsätzlich sollte das nie als Überraschung gedacht sein. Da gibt es einige Fragen, die besprochen werden müssen: Ist der Hauswirt einverstanden? Wünscht sich die ganze Familie das Tier? Ist man z. B. bei einem Hund sicher, dass gelegentliches Bellen niemanden stört? Hat man Zeit, mit dem Hund täglich spazieren zu gehen? Können Hundesteuer, Haftpflichtversicherung*, Tierarztbesuche, vor allem aber Futterkosten bezahlt werden? Derjenige, der das Tier geschenkt bekommen soll, sollte es sich am besten schon vorher aussuchen und ein wenig kennenlernen können, weil ja auch der Charakter eines Tieres mit entscheidend dafür ist, ob man später damit zurechtkommt. Kleinere Hunde sind z. B. oft sehr temperamentvoll und brauchen sehr viel Bewegung. Eine gute Möglichkeit hierfür sind die Tierheime. Dort können zum einen die Pfleger und der Tierheimleiter genau Auskunft geben, und außerdem kann man zunächst einige Zeit mit dem Hund spazieren gehen. Dann lernen sich Mensch und Tier ein wenig kennen.

*
nachtaktiv: *in der Nacht aktiv*
Haftpflichtversicherung: *sie bezahlt die Schäden, die das Tier verursacht.*

FÜR LUISE

33

a) Schreib eine (erweiterte) Inhaltsangabe.
b) Hast du selbst ein Haustier? Berichte, wie das Tier gehalten wird.
Oder:
Möchtest du auch ein Haustier haben? Wie stellst du dir die Haltung des Tieres in deiner Familie vor?

1. Textsorte

Dieser Text ist ein **Interview.**

Interviews kennst du aus dem Fernsehen und aus dem Radio. Ein Journalist stellt einem Spezialisten (zum Beispiel einem Professor, Politiker, Sportler, Künstler) Fragen und erwartet aus den Antworten wichtige Informationen, die für den Zuhörer interessant sind. Die Fragen und Antworten werden veröffentlicht.

Dieses Interview ist in der Zeitschrift „Apotheken Umschau" veröffentlicht worden.

Die Interviewer sind: ....

Die Interviewte ist: ....

2. Thema

Die Überschrift gibt wichtige Hinweise zum Thema. Ergänze bei der Formulierung deiner Inhaltsangabe noch: **Weihnachten, Kinder.**

3. Gliederung des Interviews nach Sinnabschnitten

Das Interview besteht aus einer Einleitung und aus fünf Fragen und den Antworten. Das sind insgesamt sechs Abschnitte.

Vielleicht lassen sich einige der sechs Abschnitte zusammenfassen?

Martina macht folgenden Vorschlag:

A Einleitung (Zeile 1–11):
Wichtige Einzelheiten: ....

....

....

B Grundsätzliche Überlegungen, ob man Kindern überhaupt Tiere schenken soll. (Frage/Antwort ....)
Wichtige Einzelheiten: ....

....

....

....

C Vor- und Nachteile einiger Haustiere. (Fragen/Antworten ....)
Hund, Katze: ....

....

Kaninchen, Meerschweinchen: ....

....

....

Hamster: ....

....

D Was ist beim Verschenken von Tieren zu beachten?
Wichtige Einzelheiten: ....

....*

....

Inhaltsangabe von Martina J.:

Dieser Text ist ein Interview. Reporter der Zeitschrift „Apotheken Umschau“ haben die Präsidentin des Bundesverbandes Tierschutz befragt, ob es sinnvoll ist, Kindern zu Weihnachten Tiere zu schenken.

Die Zeilen 1–11 sind eine kurze Einleitung. Viele Tiere, die zu Weihnachten verschenkt worden sind, werden nach dem Fest bald im Tierheim abgegeben. Tiere sind also nur „bedingt“ als Weihnachtsgeschenke geeignet.

*
Wenn du mit dem Platz nicht auskommst oder nicht in dieses Übungsbuch schreiben darfst, schreib auf einen Zettel und lege ihn in das Buch.

Die erste Frage ist daher, ob man nicht generell auf Tiere als Geschenke verzichten sollte. Die Präsidentin meint, dass Kinder unter 10 Jahren noch keine Tiere geschenkt bekommen sollen, weil sie die Tiere wie Spielzeug behandeln würden. Etwas anders ist es bei älteren Kindern, die schon Erfahrungen mit Haustieren gesammelt haben oder zumindest ein Buch über das gewünschte Tier gelesen haben.

Bei den Fragen 2 bis 4 geht es um bestimmte Haustiere. Hunde und Katzen erfordern viel Betreuung, die die Kinder noch nicht leisten können. Kaninchen oder Meerschweinchen eignen sich besser für Kinder. Man muss aber wissen, dass Meerschweinchen sehr aktive Tiere sind, die sich in der Wohnung leicht verletzen können. Hamster sind weniger geeignet, weil sie den Tag über schlafen und erst nachts herumlaufen.

Zum Schluss wird besprochen, was beim Schenken von Tieren besonders zu beachten ist. Vor allem dürfen Tiere keine Überraschung sein. Das Kind soll sich ein Tier selbst aussuchen und möglichst vor dem Kauf etwas näher kennen lernen. Wichtig ist auch, dass der Hauswirt Tierhaltung erlaubt und dass das nötige Geld für die Hundesteuer, für Futter usw. vorhanden ist.

Ich selbst habe kein Haustier. Mein Vater hat mich aber auf einem Bauernhof angemeldet, wo ich mich immer mit

Senta, einer Stute, beschäftigen kann. Ich darf sie nachmittags pflegen und mit ihr ausreiten. Das macht sehr viel Spaß! In den Ferien kümmert sich der Bauer um das Pferd.

Hast du den Aufsatz und seine Gliederung richtig verstanden? Schreib folgende Hinweise an den Rand:

Textsorte

Quelle des Textes (Das heißt: Aus welcher Zeitschrift stammt der Text?)

Thema des Textes

Gliederung des Textes

1. Abschnitt des Textes

2. Abschnitt des Textes

3. Abschnitt des Textes

4. Abschnitt des Textes

Beantwortung der Zusatzfrage

3.3 Erste Übungsaufgabe

Wenn Kinder lärmen

Zu ihrer Agenturmeldung „Amtsgericht: Mutter muss ‚extremen Kinderlärm‘ abstellen“ (F.A.Z. vom 22. Dezember): Ich habe drei sehr laute Kinder im Alter zwischen zwei und sieben Jahren. Ich weiß aus Erfahrung, dass dicke Teppiche und Filzpantoffeln den Kinderlärm nicht abstellen. Auch ich sehe mich außerstande Hausarbeit und Kinderbetreuung so zu gestalten, dass meine Kinder gleichzeitig ruhig und still beschäftigt werden. Obwohl ich meine Kinder anhalte sich nicht zu streiten, die Türen leise zu schließen, sich nur langsam zu bewegen, hallen* ihre Geräusche im ganzen Haus wider. Ja, ich höre sie aus dem Auto schon von 100 Meter Entfernung sich unterhalten. Das sind eben Kinder. Ich höre auch durch das geschlossene Fenster Tornados* fliegen, und ich höre auch nachts Mopeds fahren. Das ist eben in geschlossenen Ortschaften so. Beim Kinderlärm fängt die Kinderfeindlichkeit an.

Das Urteil ist kinderfeindlich. Eine Frau kann nicht Tag und Nacht Kinder so beschäftigen, dass sie Ruhe halten. Das Gericht hätte die Klage meines Erachtens abweisen sollen. Der Mutter wäre zu raten ihre Kinder regelmäßig mittags in einen Park zu führen, damit sie abends nach einer Gutenachtgeschichte um 19 Uhr einschlafen. Gewöhnlich ist dann bis 23 Uhr Ruhe. Dann kann sie sich abwechselnd zu jedem Schreihals legen. Erfahrungsgemäß beruhigt das die Kinder nachts. Den Mitbewohnern ist zu raten, ihrerseits auf Kaffee und Aufputschmittel zu verzichten und tief Luft zu holen, wenn die Kinder toben. Statt im Keller die Ruhe zu suchen sollten sie in der Kirche Gott danken, dass der Kinderlärm ihr größtes Problem ist. Allen Parteien* täte sicher eine Kur* wohl, in der sie den Umgang mit Stadtlärm lernen. Das Gericht gibt mit seinem Urteil allen Frauen recht, die wegen der Kinderfeindlichkeit unserer Gesellschaft auf Kinder verzichten.

Melanie G.
(Name von der Redaktion geändert)

*
widerhallen: *tönen, zu hören sein*
Tornado: *Düsenjäger der Luftwaffe*
Parteien: *Mieter des Hauses*
Kur: *Aufenthalt in einem Heim um die Gesundheit wieder herzustellen*

a) Schreib eine Inhaltsangabe.

b) Wie ist das bei dir zu Hause? Gibt es Kinderlärm?
Bei welchen Gelegenheiten? Wird Kinderlärm bei euch geduldet?

Tipp

Vorüberlegungen und Hilfen (1. Übungsaufgabe)

1. Textsorte

Dieser Text ist ein **Leserbrief.**

Leserbriefe werden in Zeitungen und Zeitschriften veröffentlicht. Leserinnen und Leser äußern sich kritisch oder zustimmend zu Artikeln, die in der Zeitung oder Zeitschrift veröffentlicht worden sind.

Dieser Leserbrief ist in der F.A.Z. (= Frankfurter Allgemeine Zeitung) veröffentlicht worden.

Wie heißt der Zeitungsartikel, auf den sich Melanie G. bezieht?

....

2. Thema des Leserbriefs

Erschließe aus dem Leserbrief, worum es in dem Zeitungsartikel ging, auf den sich Melanie G. bezieht: ....

....

....

....

....

Ihr Leserbrief ist

zustimmend ○

ablehnend ○

(Kreuze das Richtige an.)

3. Inhalt des Leserbriefs/Gliederungsmöglichkeiten

Thomas hat festgestellt, dass es in diesem Leserbrief um fünf Gesichtspunkte geht:

1. Das Verhalten der drei lärmenden Kinder von Frau G.
2. Die Maßnahmen, die Frau G (vergeblich) ergreift um ihre Kinder ruhig zu halten.
3. Hinweise auf andere Lärmquellen.
4. Ratschläge für die Mitbewohner, die den Kinderlärm nicht ertragen wollen.
5. Kritik an dem Gerichtsurteil.

Thomas hat die Nummern der 5 Gesichtspunkte an den Rand des Leserbriefs geschrieben. Du erkennst, dass die Gesichtspunkte ziemlich durcheinander gehen.

Es ist also kaum möglich, die Inhaltsangabe abschnittsweise zu schreiben, sondern du wirst auf die wichtigsten Gesichtspunkte nacheinander eingehen und dabei alle Gedanken zusammenfassen, die zusammengehören.

Thomas hat das so versucht:

Die lärmenden Kinder (1): Sie sind zwischen zwei und sieben Jahre alt, streiten, schlagen mit den Türen, sodass es im ganzen Haus hallt, die Mutter hört ihr Geschrei schon im Auto in 100 Meter Entfernung.

Vergebliche Maßnahmen der Mutter (2): ……………………………… *

Ratschläge an die Mitbewohner (4): ………………………………

Kritik an dem Gerichtsurteil (5): ………………………………

Du siehst, es gibt zwei verschiedene Möglichkeiten, eine Inhaltsangabe zu schreiben:

- Bei klar gegliederten Texten richtest du dich nach den Sinnabschnitten.
- Bei Texten ohne klare Gliederung richtest du dich nach den Gesichtspunkten.

(Die erste Möglichkeit ist die bei weitem häufigere.)

* Wenn du mit dem Platz nicht auskommst oder nicht in dieses Übungsbuch schreiben darfst, schreib auf einen Zettel und lege ihn in das Buch.

3.4 Zweite Übungsaufgabe

Dreikäsehoch muss hoch hinaus

Elternliebe treibt seltsame Blüten

von Helmut Räther

Tokio, 18. November Der Kampf ums Dasein beginnt für viele kleine Japaner, auch wenn sie die Metermarke an der Messlatte noch nicht erreicht haben, im November: Dann beginnen die Ausleseverfahren für die Aufnahme in Kindergärten und Grundschulen, die die besten Aussichten auf einen prestigeträchtigen* Universitätsabschluss und damit auf eine Karriere* bis ins Topmanagement* der Industrie, der Finanzwelt und der Politik versprechen.

An der einstmals kaiserlichen Gakushuin-Universität hat Kiko Kawashima* studiert, die dort den zweiten Kaisersohn Prinz Akishino kennenlernte und Ende Juni heiratete – ein Märchen für die meisten japanischen Eltern. Die Eliteinstitution* ist deshalb in diesem Jahr besonders überlaufen. Sie verfügt wie viele andere prestigeträchtige japanische Privatuniversitäten über alle Schulstufen: Kindergarten, Grund-, Mittel- und Oberschule. Doch der Zugang zu dieser Schule bleibt für viele Illusion: So liegen die in diesem Jahr für die zur Verfügung stehenden 80 Erstklässlerplätze 1492 Bewerbungen vor. Nicht einmal jedes 18. Kind wird aufgenommen. Auch die Gebühren an solchen Eliteschulen erreichen schwindelnde Höhen. Umgerechnet 1000 DM pro Monat sind im ersten Schuljahr keine Ausnahme und mit zunehmendem Alter steigen die Kosten.

Der Aufmarsch der Eltern mit ihren Kindern zu den Aufnahmeinterviews und -prüfungen ist für die Fernsehteams und Pressefotografen des Landes immer wieder ein Ereignis. Papa im korrekten dunkelblauen Anzug, Mama im gedeckten Kostüm*, das hoffnungsvolle Söhnchen mit antrainiertem Lächeln im maßgeschneiderten Blazer*, straff sitzenden kurzen Hosen, blütenweißen Socken und glänzenden schwarzen Halbschuhen.

Pensionierte Pädagogen der Prestigeanstalten können Vermögen verdienen, wenn sie eine „Juku“ für Kleinkinder betreiben, eine Paukschule, wie sie auch für die meisten älteren Schüler zur ständigen Qual wird. Dort werden für teures Geld das Wissen und die Disziplin eingetrichtert, die für den Überlebenskampf im japanischen Bildungssystem unerlässlich sind. Auf die Intelligenz der Nachkommen verlässt sich kaum ein japanisches Elternpaar.

Die Nachricht, dass die meisten Lehrer ihre Aufnahmeentscheidung nur zu 30 Prozent von den Kindern und zu 70 Prozent vom Eindruck abhängig machen, den sie von den Eltern gewinnen, hat in den letzten Jahren zu einem „Juku“-Boom ganz eigener Art geführt: In diesen Schulen versuchen die Mütter und Väter in den Abendstunden zu lernen, wie man den brennenden Ehrgeiz verbirgt und locker und natürlich wirkt.

*
prestigeträchtig: *(Prestige = hohes Ansehen in der Gesellschaft)*
Karriere: *Laufbahn im Beruf*
Topmanagement: *die verantwortlichen Direktoren und Chefs in einem großen Betrieb*
Kiko Kawashima: *Name einer jungen Frau*
Eliteinstitution: *Schule für hochbegabte Schüler*
Kostüm: *Damenoberbekleidung: Jacke und Rock aus festem Stoff*
Blazer: *sportlich-elegante Jacke*

dpa

Der Ernst des Lebens beginnt in Japan schon früh. So muss dieser Dreikäsehoch im Maßanzug zur Aufnahmeprüfung bei einer Eliteschule antreten.

35

a) Schreib eine (erweiterte) Inhaltsangabe.

b) Könntest du dir vorstellen, auch auf solch eine Eliteschule zu gehen? (Nenne deine Gründe.)

Tipp

Vorüberlegungen und Hilfen (2. Übungsaufgabe)

1. Textsorte

Dieser Text aus der „Neuen Osnabrücker Zeitung“ ist eine **Reportage.**

Merkmale: Eine Reportage ist ein interessanter, vielleicht sogar fesselnder Bericht über Sachverhalte und Ereignisse für die Leser einer Zeitung, für die Radiohörer oder die Zuschauer des Fernsehens. Der Reporter hat sich genau informiert, weiß über interessante und merkwürdige Einzelheiten zu berichten. Er verwendet eine lebendige, anschauliche Sprache, außerdem auch Fotos. Die Reportage ist nicht nur sachlich und objektiv, sondern der Reporter gibt auch seine eigene Meinung und seine persönlichen Eindrücke wieder.

2. Worum geht es in diesem Zeitungsartikel?

Die genaue Angabe des Themas eines Textes fällt vielen Schülern schwer. Im Folgenden zitiere ich acht Themenangaben aus Klassenarbeiten von Schülerinnen und Schülern.

Lies die Themenangaben aufmerksam durch. Wie beurteilst du sie?

Richtige Themenangabe: ....

Falsche Themenangabe: ....

Unvollständige Themenangabe: ....

Zu umfangreiche Themenangabe: ....

(Schreib hier die Nummern hin.)

1

In diesem Zeitungsbericht von Helmut Räther aus der „Neuen Osnabrücker Zeitung“ geht es um japanische Eliteschulen, in denen Kinder von klein an auf eine große Karriere vorbereitet werden.

(Corinna G.)

2

In dieser Reportage von Helmut Räther aus der „Neuen Osnabrücker Zeitung“ geht es um japanische Eliteschulen.

(Birgit H.)

3

In dieser Reportage von Helmut Räther geht es 1. um japanische Kinder, die schon sehr früh den „Ernst des Lebens“ erkennen müssen, 2. um Eliteschulen, die sehr teuer sind, und 3. um „Juku“-Schulen, die die Kinder auf die Aufnahmeprüfung vorbereiten.

(Carsten K.)

4

Der Bericht „Dreikäsehoch muss hoch hinaus“ von Helmut Räther handelt von japanischen Eliteschulen und von den Schwierigkeiten, in solch eine Schule aufgenommen zu werden.

(Frank St.)

5

In dieser Reportage von Helmut Räther wird über die japanischen Eliteschulen und die Disziplin dort erzählt, außerdem über die Kinder, die diese Schulen besuchen, und über deren ehrgeizige Eltern.

(Britta F.)

6

Die Reportage aus der „Neuen Osnabrücker Zeitung" berichtet, dass nur sehr intelligente Schüler in japanische Eliteschulen kommen.

(Franziska R.)

7

Dieser Kommentar von Helmut Räther aus der „Neuen Osnabrücker Zeitung" handelt von japanischen Schulen.

(Silke A.)

8

In diesem Zeitungsartikel von Helmut Räther „Dreikäsehoch muss hoch hinaus" wird das Dasein auf japanischen Eliteschulen geschildert. Der Artikel erschien in der „Neuen Osnabrücker Zeitung"-

(Andrea J.)

3. Sinnabschnitte

Die Sinnabschnitte wurden von den Schülerinnen und Schülern unterschiedlich festgelegt. Welche Gliederung der Reportage findest du richtig? (Nenne deine Gründe.)

1. Möglichkeit:	2. Möglichkeit:
Zeile 1–31	Zeile 1–31
Zeile 32–62	Zeile 32–78
Zeile 63–Schluss	Zeile 79–Schluss

Richtig finde ich die Möglichkeit ………… .

4. Zusatzaufgabe (b)

Welche Entscheidungsmöglichkeiten wären möglich?

1. Nein, das kann ich mir nicht vorstellen.
2. ……………………………………………………………

Für welche Möglichkeit entscheidest du dich?
Möglichkeit ………… .
Deine Gründe:

……………………………………………………………
……………………………………………………………
……………………………………………………………
……………………………………………………………*

*
Wenn du mit dem Platz nicht auskommst oder nicht in dieses Übungsbuch schreiben darfst, schreib auf einen Zettel und lege ihn in das Buch.

3.5 Lösungen

1. Die Interviewer sind: Reporter der Zeitschrift (Wir).
   Die Interviewte ist: Anneliese zum Kolk, Präsidentin des Bundesverbandes Tierschutz e.V. in Moers.

3. **A** Einleitung (Zeile 1–11)
   Wichtige Einzelheiten: Thema des Interviews, Name der Interviewten.

   B Grundsätzliche Überlegungen, ob man Kindern überhaupt Tiere schenken soll. (Frage/Antwort 1)
   Wichtige Einzelheiten: Es ist problematisch, wenn Kinder unter 10 Jahren ein Tier bekommen. Sie sollten ein bisschen Erfahrung mit Tieren haben, zumindest ein Sachbuch über das Tier lesen. Tiere sind kein Spielzeug, sondern Lebewesen.

   C Vor- und Nachteile einiger Haustiere.
   (Fragen/Antworten 3 und 4)
   Hund, Katze: Sie erfordern regelmäßige Betreuung.
   Kaninchen, Meerschweinchen: Meerschweinchen sind sehr
   33 aktive Tiere und können sich schnell verletzen.
   Hamster: Sie sind nachtaktive Tiere und schlafen am Tag.

   D Was ist beim Verschenken von Tieren zu beachten?
   Wichtige Einzelheiten: Nie als Überraschung schenken; Hauswirt befragen; können die Kosten aufgebracht werden?; das Tier vor dem Kauf kennenlernen.

Zur Gliederung des Aufsatzes von Martina F.

Textsorte: neben Zeile 1
Quelle des Textes: neben Zeile 2
Thema des Textes: neben die Zeilen 3 bis 6
Gliederung des Textes: (Nicht in einem Sonderabschnitt erwähnt!)
1. Abschnitt des Textes: neben die Zeilen 7 bis 12
2. Abschnitt des Textes: neben die Zeilen 13 bis 23
3. Abschnitt des Textes: neben die Zeilen 24 bis 34
4. Abschnitt des Textes: neben die Zeilen 35 bis 44
Beantwortung der Zusatzaufgabe: neben die Zeilen 45 bis 52

1. Zeitungsartikel, auf den sich Melanie G. bezieht:
„Amtsgericht: Mutter muss ‚extremen Kinderlärm' abstellen"

2. Das Amtsgericht hat eine Mutter verurteilt das extreme Lärmen der Kinder in einem Wohnhaus zu unterbinden.
Die Mitbewohner haben nur noch im Keller Ruhe gefunden.
Der Leserbrief ist **ablehnend.**

34

3. Vergebliche Maßnahmen der Mutter (2): dicke Teppiche, Filzpantoffeln. Sie hält ihre Kinder an sich nicht zu streiten, die Türen leise zu schließen, sich langsam zu bewegen. Sie versucht ihre Kinder zu beschäftigen. Kinder in den Park führen. Kinder gehen mit „Gutenachtgeschichte" um 19 Uhr ins Bett. Mutter legt sich zu den Schreihälsen.
Ratschläge an die Mitbewohner (4): Sie sollen auf Aufputschmittel verzichten. Sie sollen bei Kinderlärm „tief Luft holen", das heißt: sich nicht aufregen. Sie sollten eine Kur antreten.
Kritik an dem Gerichtsurteil (5): Das Urteil ist kinderfeindlich. Frauen werden auf Kinder verzichten.

35

2. Worum geht es in diesem Zeitungsartikel?
Richtige Themenangabe: 4 (Es geht vor allem um die Aufnahme in die Schule.)
Falsche Themenangabe: 6, 8
Unvollständige Themenangabe: 1, 2, 3, 7
Zu umfangreiche Themenangabe: 3, 5

3. Richtig ist am ehesten die Möglichkeit 1. (Ab Zeile 63 geht es um die Vorbereitung auf die Aufnahmeprüfung: Kinder und Eltern.)

4. Ja, das könnte ich mir vorstellen.

Kapitel 4

Textauszüge aus umfangreichen Werken

4.1 Was ist besonders zu beachten?

Die Textvorlage für eine Inhaltsangabe kann ein kurzer selbstständiger Text sein. Häufig sind die Textvorlagen jedoch **Auszüge** aus umfangreicheren Werken, zum Beispiel aus Novellen, Romanen, Dramen.

Was ist bei solchen Inhaltsangaben besonders zu beachten?

Wenn der Text aus einem größeren Werk stammt, solltest du den Titel des Werkes nennen – außerdem auch den Autor und die Textgattung/Textsorte des Werkes.

4 Textauszüge aus umfangreichen Werken

Es ist sinnvoll, den Auszug in den Zusammenhang des Werkes einzuordnen, das heißt, die Vorgeschichte zu erzählen, damit für den Leser der Inhaltsangabe der Textauszug verständlich wird. Beachte dabei, dass du die Vorgeschichte nur ganz kurz (im Präsens) wiedergeben sollst. Nur die Einzelheiten, die zum Verständnis des Textauszugs unbedingt notwendig sind, werden kurz erwähnt.

Wenn die Textvorlage ein Auszug aus einem umfangreichen Werk ist, schreibst du im einleitenden Abschnitt deines Aufsatzes:

- **Titel des Werkes**
- **Textsorte des Werkes**
- **Verfasser des Werkes**
- **Vorgeschichte (nur kurz!)**
- **Thema des Textauszugs**

Im Folgenden schreibst du die Inhaltsangabe so, wie du das bisher in dieser Lernhilfe geübt hast.

4.2 Inhaltsangabe zu einem Textauszug (Beispiel)

Theodor Storm
Der Schimmelreiter

Vorgeschichte:
Die Novelle „Der Schimmelreiter“ spielt an der deutschen Nordseeküste. Der begabte, aber nicht sehr reiche Hauke Haien hat die Tochter des Deichgrafen geheiratet und ist dadurch selbst Deichgraf geworden. Um den Leuten zu beweisen, dass er auch die Qualifikation für einen Deichgrafen hat, hat er durchgesetzt, dass ein großes Vorland neu eingedeicht wird. Die Deichbauarbeiten sind in vollem Gange:

... ; dann warf er seine Augen nach dem Haff hinaus. Es wehte scharf, und er* sah, wie mehr und mehr der Wassersaum am Deich hinaufklimmte und wie die Wellen sich noch höher hoben; er sah auch, wie die Leute trieften* und kaum atmen konnten in der schweren Arbeit vor dem Winde, der ihnen die Luft am Munde abschnitt, und vor dem kalten Regen, der sie überströmte. „Ausgehalten, Leute! Ausgehalten!" schrie er zu ihnen hinab. „Nur einen Fuß* noch höher; dann ist's genug für diese Flut!" Und durch alles Getöse des Wetters hörte man das Geräusch der Arbeiter: das Klatschen der hineingestürzten Kleimassen*, das Rasseln der Karren und das Rauschen des von oben hinabgelassenen Strohes ging unaufhaltsam vorwärts; dazwischen war mitunter das Winseln eines kleinen gelben Hundes lautgeworden, der frierend und wie verloren zwischen Menschen und Fuhrwerken herumgestoßen wurde; plötzlich aber scholl ein jammervoller Schrei des kleinen Tieres von unten aus der Schlucht herauf. Hauke blickte hinab; er hatte es von oben hinunterschleudern sehen; eine jähe* Zornröte stieg ihm ins Gesicht. „Halt! Haltet ein!" schrie er zu den Karren hinunter; denn der nasse Klei* wurde unaufhaltsam aufgeschüttet.
„Warum?" schrie eine rauhe Stimme von unten herauf; „doch um die elende Hundekreatur nicht?"
„Halt! sag ich", schrie Hauke wieder; „bringt mir den Hund! Bei unserm Werke soll kein Frevel* sein!"

Aber es rührte sich keine Hand; nur ein paar Spaten zähen Kleis flogen noch neben das schreiende Tier. Da gab er seinem Schimmel die Sporen, daß das Tier einen Schrei ausstieß, und stürmte den Deich hinab, und alles wich vor ihm zurück. „Den Hund!" schrie er; „ich will den Hund!"
Eine Hand schlug sanft auf seine Schulter, als wäre es die Hand des alten Jewe Manners; doch als er umsah, war es nur ein Freund des Alten. „Nehmt Euch in acht, Deichgraf!" raunte* der ihm zu, „Ihr habt nicht Freunde unter diesen Leuten; laßt es mit dem Hunde gehen!"

*
er: *der Deichgraf Hauke Haien*
triefen: *das Wasser läuft herab*
Fuß: *Längenmaß, etwa 30 cm*
Klei: *fette, zähe Erde, die sich für den Deichbau eignet*
jäh: *plötzlich, unerwartet*
Frevel: *Versündigung*
raunen: *ins Ohr flüstern*

Der Wind pfiff, der Regen klatschte; die Leute hatten die Spaten in den Grund gesteckt, einige sie fortgeworfen. Hauke neigte sich zu dem Alten: „Wollt Ihr meinen Schimmel halten, Harke Jens?“ frug* er; und als jener noch kaum den Zügel in der Hand hatte, war Hauke schon in die Kluft gesprungen und hielt das kleine winselnde Tier in seinem Arm; und fast im selben Augenblicke saß er auch wieder hoch im Sattel und sprengte* auf den Deich zurück. Seine Augen flogen über die Männer, die bei den Wagen standen. „Wer war es?“ rief er. „Wer hat die Kreatur hinabgeworfen?“
Einen Augenblick schwieg alles, denn aus dem hageren* Gesicht des Deichgrafen sprühte der Zorn, und sie hatten abergläubische Furcht vor ihm. Da trat von einem Fuhrwerk ein stiernackiger Kerl vor ihn hin. „Ich tat es nicht, Deichgraf“, sagte er und biß von einer Rolle Kautabak ein Endchen ab, das er sich erst ruhig in den Mund schob; „aber der es tat, hat recht getan; soll Euer Deich sich halten, so muß was Lebiges hinein!“
– „Was Lebiges? Aus welchem Katechismus hast du das gelernt?“
„Aus keinem, Herr!“ entgegnete der Kerl, und aus seiner Kehle stieß ein freches Lachen; „das haben unsere Großväter schon gewußt, die sich mit Euch im Christentum wohl messen durften! Ein Kind ist besser noch; wenn das nicht da ist, tut's auch wohl ein Hund!“
„Schweig du mit deinen Heidenlehren“, schrie ihn Hauke an, „es stopfte besser, wenn man dich hineinwürfe.“
„Oho!“ erscholl es; aus einem Dutzend Kehlen war der Laut gekommen, und der Deichgraf gewahrte* ringsum grimmige Gesichter und geballte Fäuste; er sah wohl, daß das keine Freunde waren; der Gedanke an seinen Deich überfiel ihn wie ein Schrecken: was sollte werden, wenn jetzt alle ihre Spaten hinwürfen*? – Und als er nun den Blick nach unten richtete, sah er wieder den Freund des alten Jewe Manners; der ging dort zwischen den Arbeitern, sprach zu dem und jenem, lachte hier einem zu, klopfte dort mit freundlichem Gesicht einem auf die Schulter, und einer nach dem andern faßte wieder seinen Spaten; noch einige Augenblicke, und die Arbeit war wieder in vollem Gange. – Was wollte er denn noch? Der Priel mußte ...

*
frug: *fragte*
sprengen: *galoppieren, schnell reiten*
hager: *schmal, knochig*
gewahren: *bemerken*
hinwürfen: *hinwerfen würden*

36 Schreib eine (erweiterte) Inhaltsangabe.

Tipp

Vorüberlegungen und Hilfen

Textsorte

Dieser Textauszug stammt aus einer **Novelle.**
Novellen sind eine Art kurze Romane. Viele Novellen erzählen ein ungewöhnliches Ereignis, das für das Schicksal der auftretenden Personen entscheidend ist.

In der deutschen, französischen und russischen Literatur gibt es viele Novellen. Vielleicht kennst du aus dem Deutschunterricht eine dieser berühmten Novellen.
Heinrich von Kleist: Michael Kohlhaas
Joseph v. Eichendorff: Aus dem Leben eines Taugenichts
Annette v. Droste-Hülshoff: Die Judenbuche
Theodor Storm: Pole Poppenspäler
Gerhart Hauptmann: Bahnwärter Thiel
Thomas Mann: Tonio Kröger

Aufsatz von Thomas N.:

Dieser Textauszug stammt aus der Novelle „Der Schimmelreiter“ von Theodor Storm. Hauke Haien ist die Hauptperson. Er hat die Tochter des Deichgrafen geheiratet und ist dadurch selbst Deichgraf geworden. Er möchte die

Leute von seinem Können überzeugen und hat durchgesetzt, dass ein großes Vorland nach modernen Methoden eingedeicht wird. Die Deichbauarbeiten sind in vollem Gange. Da kommt es zu einem Zwischenfall wegen eines kleinen Hundes.

Der Textauszug gliedert sich in drei Sinnabschnitte. Im ersten Abschnitt wird von den Deichbauarbeiten erzählt. Das Wetter ist sehr schlecht, es regnet und stürmt, die Arbeiter können kaum atmen. Der Deichgraf spornt sie an, weil der Deich heute noch erhöht werden muss.

Der zweite Abschnitt handelt von einem kleinen, gelben Hund. Zunächst läuft er winselnd zwischen den Arbeitern herum. Plötzlich wirft ihn einer von ihnen in die Grube. Als Hauke das bemerkt, will er, dass der Hund gerettet wird. Aber kein Arbeiter will ihn heraufholen. Da reitet Hauke Haien selbst nach unten und rettet das Tier.

Im letzten Abschnitt erzählt der Autor, dass es fast zu einem Aufstand gegen den Deichgrafen kommt, als er voller Wut wissen will, wer den Hund töten wollte. Er erfährt von einem Arbeiter, dass sie alle der Meinung sind, dass „etwas Lebiges" in den Deich muss, wenn er halten soll. Der Deichgraf ist empört, und nur ein Freund des alten Jewe Manners kann die Leute beruhigen, sodass sie die Arbeiten fortsetzen.

1. Schreib folgende Hinweise an die richtigen Stellen neben den Aufsatz:

Vorgeschichte

Textsorte

Verfasser des Textes

Quelle

Thema des Textes

Gliederung des Textes

1. Sinnabschnitt

2. Sinnabschnitt

3. Sinnabschnitt

2. Thomas hat in seinem Aufsatz vergessen die Zeilen anzugeben, von wo bis wo die einzelnen Sinnabschnitte gehen.

Hier sind zwei Gliederungsmöglichkeiten:

1

1–12 (bis „vorwärts")
12–40 (bis „zurück")
40–Schluss

2

1–16 (bis „herauf")
16–61 (bis „hinwürfen")
61–Schluss

Dem Aufsatz von Thomas entspricht am ehesten die Möglichkeit ....

Zeichne an den entsprechenden Stellen waagerechte Linien in den Text von Theodor Storm.

4.3 Erste Übungsaufgabe
(Textauszug aus einem Kriminalroman)

Friedrich Dürrenmatt
Der Richter und sein Henker

Der Roman beginnt so:
Alphons Clenin, der Polizist von Twann*, fand am Morgen des dritten November neunzehnhundertachtundvierzig dort, wo die Straße von Lamboing* (eines der Tessinbergdörfer) aus dem Walde der Twannbach-

*
Twann, Lamboing: *Orte in der Schweiz*

schlucht hervortritt, einen blauen Mercedes, der am Straßenrande stand. Es herrschte Nebel, wie oft in diesem Spätherbst, und eigentlich war Clenin am Wagen schon vorbeigegangen, als er doch wieder zurückkehrte. Es war ihm nämlich beim Vorbeischreiten gewesen, nachdem er flüchtig durch die trüben Scheiben des Wagens geblickt hatte, als sei der Fahrer auf das Steuer niedergesunken. Er glaubte, daß der Mann betrunken sei, denn als ordentlicher Mensch kam er auf das Nächstliegende. Er wollte daher dem Fremden nicht amtlich, sondern menschlich begegnen. Er trat mit der Absicht ans Automobil, den Schlafenden zu wecken, ihn nach Twann zu fahren und im Hotel Bären bei schwarzem Kaffee und

einer Mehlsuppe nüchtern werden zu lassen; denn es war zwar verboten, betrunken zu fahren, aber nicht verboten, betrunken in einem Wagen, der am Straßenrande stand, zu schlafen. Clenin öffnete die Wagentür und legte dem Fremden die Hand väterlich auf die Schultern. Er bemerkte jedoch im gleichen Augenblick, daß der Mann tot war. Die Schläfen waren durchschossen. Auch sah Clenin jetzt, daß die rechte Wagentüre offen stand. Im Wagen war nicht viel Blut, und der dunkelgraue Mantel, den die Leiche trug, schien nicht einmal beschmutzt. Aus der Manteltasche glänzte der Rand einer gelben Brieftasche. Clenin, der sie hervorzog, konnte ohne Mühe feststellen, daß es sich beim Toten um Ulrich Schmied handelte, Polizeileutnant der Stadt Bern.

Clenin wußte nicht recht, was er tun sollte. Als Dorfpolizist war ihm ein so blutiger Fall noch nie vorgekommen. Er lief am Straßenrande hin und her. Als die aufgehende Sonne durch den Nebel brach und den Toten beschien, war ihm das unangenehm. Er kehrte zum Wagen zurück, hob den grauen Filzhut auf, der zu Füßen der Leiche lag, und drückte ihr den Hut über den Kopf, so tief, daß er die Wunde an den Schläfen nicht mehr sehen konnte, dann war ihm wohler.

Der Polizist ging wieder zum andern Straßenrand, der gegen Twann lag, und wischte sich den Schweiß von der Stirne. Dann faßte er einen Entschluß. Er schob den Toten auf den zweiten Vordersitz, setzte ihn sorgfältig aufrecht, befestigte den leblosen Körper mit einem Lederriemen, den er im Wageninnern gefunden hatte, und rückte selbst ans Steuer.

37 Schreib eine (erweiterte) Inhaltsangabe.

(Du kannst so anfangen:

Der Kriminalroman „Der Richter und sein Henker" von Friedrich Dürrenmatt beginnt damit, dass ein Dorfpolizist am Straßenrand einen Toten in einem Auto entdeckt ...)

Tipp

Vorüberlegungen und Hilfen (1. Übungsaufgabe)

1. Textsorte

Dieser Textauszug ist der Anfang von einem **Kriminalroman.**

In einem Kriminalroman geht es um ein Verbrechen, seine Planung, Durchführung und Aufklärung. Interessant sind auch die Motive des Verbrechers.

Die **Detektivgeschichte** ist eine Sonderform des Kriminalromans:
Die Hauptperson ist der Detektiv, der das Verbrechen aufklärt.

2. Gliederung nach Sinnabschnitten

Verschiedene Schülerinnen und Schüler haben folgende Vorschläge gemacht. – Lies sie durch und entscheide dich für einen Vorschlag.

- **Biancas** Gliederungsvorschlag:

Zeile 1–9	Der Polizist entdeckt ein abgestelltes Auto mit einem nach vorn gebeugten Fahrer.
Zeile 9–16	Der Polizist hält den Fahrer für betrunken und will ihn zur Ausnüchterung in das nächste Dorf fahren.
Zeile 17–Schluss	Der Polizist bemerkt, dass der Fahrer tot ist, und überlegt, was er mit dem Toten machen soll.

- **Michaels** Gliederungsvorschlag:

Zeile 1–24	Der Polizist entdeckt ein Auto mit einem toten Polizeileutnant.
Zeile 25–Schluss	Er überlegt, was er mit dem Toten machen soll, und beschließt, ihn in dem Auto nach Twann zu fahren.

- **Nicoles** Gliederungsvorschlag:

Zeile 1–17	Der Polizist entdeckt ein Auto mit einem nach vorn gebeugten Fahrer, den er für betrunken hält. Er will ihn zur Ausnüchterung nach Twann fahren.
Zeile 17–Schluss	Der Polizist stellt fest, dass der Fahrer tot ist, und überlegt, was er tun soll.

3. Wichtige und unwichtige Einzelheiten.

Im Folgenden liest du einige Einzelheiten. Entscheide und begründe, ob du sie für „wichtig" oder „unwichtig" hältst.

	Wichtig	Unwichtig
a) … am Morgen des dritten November neunzehnhundertachtundvierzig	○	○
b) Es herrschte Nebel …	○	○
c) … wie so oft im Spätherbst …	○	○
d) … als sei der Fahrer auf das Steuer niedergesunken.	○	○
e) … denn als ordentlicher Mensch kam er auf das Nächstliegende.	○	○
f) … im Hotel Bären bei schwarzem Kaffee und einer Mehlsuppe …	○	○
g) Er bemerkt … dass der Mann tot war.	○	○
h) … Polizeileutnant …	○	○

4.4 Zweite Übungsaufgabe
(Textauszug aus einem Drama)

Friedrich von Schiller
Wilhelm Tell

Vorgeschichte:
Geßler, der österreichische Landvogt, unterdrückt die Schweizer. Er verlangt von ihnen, dass sie auf der Wiese bei Altdorf einen Hut grüßen um damit ihre Unterwerfung auszudrücken. Als Tell das ohne böse Absicht unterlässt, wird er vom Landvogt grausam bestraft: Geßler legt einen Apfel auf den Kopf von Tells Sohn und verlangt vom Vater, dass er mit der Armbrust einen Pfeil durch den Apfel schießt. Nach langem Zögern schießt Tell tatsächlich – ohne seinen Sohn zu verletzen.

Steht auf, Ihr habt Euch männlich
Gelöst, und frei
könnt Ihr nach Hause gehen.
Kommt, kommt und bringt der Mutter ihren Sohn!
(Sie wollen ihn wegführen.)
Geßler. Tell, höre!
Tell *(kommt zurück)*. Was befehlt Ihr, Herr?
Geßler. Du stecktest
Noch einen zweiten Pfeil zu dir – Ja, ja,
Ich sah es wohl – Was meintest du damit?
Tell *(verlegen)*.
Herr, das ist also bräuchlich bei den Schützen.
Geßler, Nein, Tell, die Antwort laß ich dir nicht gelten,
Es wird was anders wohl bedeutet haben.
Sag mir die Wahrheit frisch und fröhlich, Tell:
Was es auch sei, dein Leben sichr' ich dir.
Wozu der zweite Pfeil?
Tell. Wohlan*, o Herr,
Weil Ihr mich meines Lebens habt gesichert,
So will ich Euch die Wahrheit gründlich sagen.
(Er zieht den Pfeil aus dem Goller und sieht den Landvogt mit einem furchtbaren Blick an.)*
Mit diesem zweiten Pfeil durchschoß* ich – Euch,
Wenn ich mein liebes Kind getroffen hätte,
Und Eurer – wahrlich! hätt' ich nicht gefehlt*.
Geßler. Wohl, Tell! Des Lebens hab ich dich gesichert,
Ich gab mein Ritterwort, das will ich halten –
Doch weil ich deinen bösen Sinn erkannt,
Will ich dich führen lassen und verwahren*,
Wo weder Mond noch Sonne dich bescheint,
Damit ich sicher sei vor deinen Pfeilen.
Ergreift ihn, Knechte! Bindet ihn!
(Tell wird gebunden.)
Stauffacher. Wie, Herr?
So könntet Ihr an einem Manne handeln,
An dem sich Gottes Hand sichtbar ...

*
Wohlan: *nun denn*
Goller: *Köcher über der Schulter*
durchschoß: *hätte ich durchschossen*
gefehlt: *verfehlt*
verwahren: *einsperren*

38

a) Schreib eine (erweiterte) Inhaltsangabe.

b) Zeige, dass sich Geßler auch in dieser Szene als Tyrann verhält.

Tipp

Vorüberlegungen und Hilfen (2. Übungsaufgabe)

1. Textsorte

Diese Szene stammt aus einem **Schauspiel.**

Das Schauspiel ist ein Theaterstück; es steht im Gegensatz zum **Trauerspiel**/zur Tragödie, die mit dem tragischen Tod des Helden endet, und im Gegensatz zum **Lustspiel**/zur Komödie. Das Schauspiel hat einen glücklichen Schluss (der jedoch nicht zum Lachen oder zur Heiterkeit reizt).

Berühmte deutsche Schauspiele sind:
Gotthold Ephraim Lessing: Nathan der Weise
Johann Wolfgang von Goethe: Iphigenie
Heinrich von Kleist: Der Prinz von Homburg

2. Gliederung/Sinnabschnitte

Der Textauszug ist sehr kurz; es ist nicht notwendig, mehrere Sinnabschnitte zu unterscheiden.

3. Direkte Rede

Du erinnerst dich, dass in einer Inhaltsangabe keine direkte (wörtliche) Rede vorkommen soll. Dieser Text besteht nur aus wörtlicher Rede. Benutze Formulierungen wie

Geßler ruft Tell zurück.

Geßler möchte wissen, was …

Tell weicht aus und sagt, dass …

Geßler ist mit der Antwort nicht zufrieden.

Geßler versichert ihm, dass …

Tell bekennt, dass …

Geßler verurteilt Tell zu …

Geßler befiehlt den Knechten …

4. Zusatzaufgabe (b)

- Was ist ein „Tyrann“?
  Merkmale: Gewaltherrscher, unmenschlich, hält sich nicht an die elementaren Menschenrechte, Willkür, Gewalt.

- Verhalten eines Tyrannen:
  Er verlangt von Tell, dass er auf seinen eigenen Sohn schießt. Geßler verspricht Tell sein Leben, lässt ihn dann aber doch ins Gefängnis werfen.

4.5 Dritte Übungsaufgabe
(Textauszug aus einem Epos)

Homer
Odyssee

Vorgeschichte:

Nach ihrem Sieg über die Trojaner kehren die Griechen wieder in ihre Heimat zurück. Die Heimreise von Odysseus nach Ithaka dauert besonders lange, weil er mit seinen Gefährten viele Abenteuer bestehen muss. – Die Zauberin Kirke hat Odysseus auf die Gefahren aufmerksam gemacht, die ihm und seinen Gefährten bei der Vorbeifahrt am Felsen der Sirenen drohen.

... meine Gefährten,
da ein kräftiger Wind aufkam, und wir fuhren von dannen.

Die Sirenen
Noch nicht lange hatten wir vor dem Winde gelegen,
als ganz plötzlich das Segel schlaffte und seltsame Stille
auf dem Meer lag, darin der Himmel sich abgrundtief wölbte.
Schnell erzählt' ich den Kameraden jetzt, was bevorstand,
und schnitt Wachskugeln aus und verklebte allen die Ohren
außer mir selbst. Mich befahl ich am Mast stehend fest-
zubinden
und nicht wieder zu lösen, auch wenn ich's verlangte, bevor nicht
der Sirenenfels hinter uns lag. Und falls ich mich wehrte,
sollten den Strick sie nur fester um meine Glieder noch zurren*.
Sie gehorchten und schlugen dann fleißig das Meer mit den Rudern.
Als wir dem weißen Felsen auf Rufweite nahe kamen
und die Sirenen das Schiff auf der spiegelnden Fläche entdeckten,
tönten hell ihre Stimmen: „Odysseus, du Held unserer Lieder,
Ruhm und Stolz der Achaier*, hier reiste noch niemand vorüber,
ohne uns anzuhören und unsere Melodien.
Komm nun auch du und laß dich beseligen* mit Gesängen!
Siehe, sie handeln von dir und von den Griechen und Troern*.
All eure Mühe wird hier in süßen Wohlklang verwandelt ... “
Also lockte ihr Lied. Ein wildes Verlangen ergriff mich,
näher zu fahren und zuzuhören. Ich schrie und ich winkte
meinen Leuten Befehle: sie sollten mich lösen vom Maste!
Doch wie sehr ich mich wand, sie zogen die Fesseln nur enger
und versuchten, das Schiff nur schneller noch vorwärts zu peitschen,
bis die lockenden Klänge weit über dem Wasser verhallten.
Dann erst befreiten sie mich und öffneten selbst sich die Ohren.

Skylla und Charybdis
Bald danach drang aus der Ferne ein ehernes Dröhnen ...

*
festzurren: *festbinden*
Achaier: *Bezeichnung für die Griechen, die vor Troja kämpften*
beseligen: *entzücken*
Troer: *Einwohner von Troja*

39 Schreib eine (erweiterte) Inhaltsangabe.

Tipp

Vorüberlegungen und Hilfen (3. Übungsaufgabe)

1. Textsorte

Dieser Textauszug stammt aus einem **Epos.**

(Homers „Odyssee" ist das berühmteste Epos der Weltliteratur. Es wurde im 8. Jahrhundert vor Christus geschrieben.)

Ein Epos ist ein großartiger „Roman in Versen". Die Hauptpersonen sind Helden und Götter.

2. Sinnabschnitte

Die Gliederung dieses Textauszugs ist offensichtlich:

1. Vorbereitungen für die Fahrt zu den Sirenen.
Vers .... bis ....

2. Vorbeifahrt am Felsen der Sirenen.
Vers .... bis ....
(Ergänze die Verse.)

4.6 Lösungen

1. Vorgeschichte: neben die Zeilen 3–13
Textsorte: neben Zeile 1–2
Verfasser des Textes: neben Zeile 2–3
Quelle: neben die Zeilen 1–3
Thema des Textes: neben die Zeilen 10–13
36 Gliederung des Textes:
1. Sinnabschnitt: neben die Zeilen 15–21
2. Sinnabschnitt: neben die Zeilen 22–30
3. Sinnabschnitt: neben die Zeilen 31–41

2. Dem Aufsatz entspricht am ehesten die Möglichkeit 1.

2. Sinnvoll erscheint vor allem Michaels Gliederungsvorschlag, zumal er auch mit den Abschnitten, die der Autor gemacht hat,
37 weitgehend übereinstimmt.

3. Wichtig: d, g, h.
Unwichtig: a, b, c, e, f.

2. Vorbereitung für die Fahrt zu den Sirenen: Vers 5–14.
39 Vorbeifahrt am Felsen der Sirenen: Vers 15–29.

Kapitel 5

Inhaltsangabe eines umfangreichen Werkes

Von Schülerinnen und Schülern wird erwartet, dass sie nicht nur die „Pflichtlektüre“ des Deutschunterrichts lesen, sondern auch andere gute Bücher. Oft wird verlangt, dass sie im Unterricht über die gelesenen Bücher berichten. Die Mitschüler sollen die Bücher kennenlernen und selbst zum Lesen angeregt werden.

Die Inhaltsangabe eines umfangreichen Werkes ist eine sehr schwierige Aufgabe. Vor allem für die Zuhörer kann es sehr mühsam werden, aus den vielen Einzelheiten zu erkennen, worum es in dem Buch überhaupt geht und was wichtig und was unwichtig ist. Viele Mitschüler schalten vollständig ab, wenn die Inhaltsangabe schnell und mit monotoner Stimme vom Blatt abgelesen wird.

Was kannst du tun, damit deine Mitschüler deine Inhaltsangabe mit Interesse anhören?

1. Lies die formulierte Inhaltsangabe nicht vom Blatt ab, sondern bemühe dich frei zu sprechen. Beachte dabei folgende Tipps:

- Die ersten Sätze formulierst du aus. Das ist eine Vorsichtsmaßnahme: Wenn du mit deinem Referat beginnst, können die Mitschüler noch unruhig sein. Du sitzt wahrscheinlich vorn auf dem Lehrerplatz; das ist ungewohnt.

- Frei sprechen bedeutet nicht, dass du dir den Inhalt eines umfangreichen Buches merken sollst. Du sollst ja nicht dein gutes Gedächtnis unter Beweis stellen, sondern deine Fähigkeit, ein interessantes Referat zu halten. Deshalb: Schreib in Stichworten alle wichtigen Punkte untereinander auf einen Zettel. „Stichworte“ sind keine ganzen Sätze, sondern nur wesentliche Wörter. Wenn du beim Referat die Stichwortliste vor Augen hast, bist du sicher, dass du nichts Wesentliches vergisst.

- Viele meinen, ein Referat müsse unbedingt **flüssig** vorgetragen werden. Das stimmt nicht! Deine Zuhörer sind viel aufmerksamer, wenn sie mitdenken, wenn sie mitbekommen, wie du beim Sprechen nach dem treffenden Ausdruck suchst, wenn du eine Formulierung durch eine bessere ersetzt. Es ist nicht schlimm, wenn du gelegentlich stockst oder dich versprichst.

- Um in der Klasse sicher zu sprechen kannst du deine Inhaltsangabe schon mal zu Hause vortragen. Einen geduldigen Zuhörer findest du bestimmt: Mutter, Vater, Oma, Opa, Freund, Freundin ...

2. In einem Roman, in einem Theaterstück kommen sehr viele Personen vor. Du kennst sie alle, auch mit Namen, wenn du das Werk gelesen hast. Für deine Zuhörer bedeutet es schnell eine Überforderung, wenn sie in sehr kurzer Zeit die vielen Namen aufnehmen und die Personen unterscheiden sollen. Daher mein Rat: Bevor du mit deiner Inhaltsangabe anfängst, schreib eine **Übersicht der wichtigsten Personen an die Tafel.** Die Hauptpersonen stehen im Zentrum, die anderen – je nach ihren Beziehungen zu den Hauptpersonen – mehr seitlich. Du liest die Personen vor und erklärst, wer sie sind und in welchem Verhältnis sie zueinander stehen.

3. Deine Inhaltsangabe sollte unbedingt „strukturiert" sein. Dabei richtest du dich nach den Kapiteln eines Romans oder nach den Akten/Aufzügen eines Theaterstücks. Sag gleich zu Beginn deiner Inhaltsangabe, wie viele Abschnitte du unterscheiden willst: Das erleichtert deinen Mitschülern das Zuhören.

4. Wenn du am Ende deiner Inhaltsangabe noch etwas Zeit hast, kannst du eine Seite aus dem Buch vorlesen. Dabei erklärst du, warum du diese Seite ausgewählt hast, was an dieser Seite besonders interessant, typisch, charakteristisch ist. – Du kannst zum Schluss eine Empfehlung aussprechen, wer das Buch auch lesen sollte, wen es interessieren könnte.

5. Im Anschluss an deine Inhaltsangabe gibst du deinen Mitschülern Gelegenheit Fragen zu dem Buch zu stellen. Beantworte alle Fragen ruhig und ausführlich.

Theodor Storm: Der Schimmelreiter

Hauptpersonen:

Tede Haien (Vater von Hauke)

Tede Volkerts (Deichgraf)

Hauke Haien (Deichgraf) ∞ **Elke Volkerts**

Wienke (Tochter von Elke und Hauke)

Ole Peters (ehemaliger Knecht, später: reicher Bauer)

Wichtige Nebenpersonen:

Jewe Manners
Trin Jans

Geschworene
Deicharbeiter
Knechte

∞ = verheiratet mit ↓ = Kind von

Die Personenübersicht ist nach Generationen eingeteilt: Oben steht die ältere Generation, vor allem die Väter, ganz unten steht die jüngste Person, die Tochter von Hauke und Elke.

Lessing: Minna von Barnhelm

Hauptpersonen:	**Wichtige Nebenpersonen:**
Major von Tellheim ○○ **Minna von Barnhelm**	**Graf von Bruchsall** (Onkel von Minna)
Paul Werner (ehemaliger Wachtmeister des Majors) ○○ **Franziska** (Dienerin von Minna) **Just** (Diener des Majors)	Wirt Dame in Trauer Riccaut de la Marliniere

○○ = *verlobt mit*

Die Personenübersicht ist nach dem (sozialen) Stand eingeteilt: Über der Linie stehen die adligen Herrschaften, unten die anderen Personen.

Zeiteinteilung für ein Referat

	Zeit in Minuten
1. Personenübersicht Hauptpersonen, wichtige Nebenpersonen, Beziehung der Personen untereinander.	**3**
2. Inhaltsangabe Deutliche Strukturierung nach Abschnitten, Kapiteln, Akten.	**10**
3. Vorlesen einer Seite des Werkes Erklären, warum **diese** Seite ausgewählt wurde. Was ist charakteristisch, typisch, interessant?	**4**
4. Kritik des Werkes, Empfehlungen Wen könnte das Buch interessieren? Wer sollte es auch lesen?	**3**
	20 Minuten

5. Beantwortung von Fragen der Zuhörer